読書脳《どくしょのう》

OUTPUT READING

新版・読んだら忘れない読書術

精神科医 樺沢紫苑

サンマーク出版

新版に寄せて

読んだら忘れない、凄い読書術

「本を読んでも、内容を忘れてしまう」

あなたも、そう思っていませんか?

しかし、本を読んでも忘れない方法があります。それは、読書をしたら「アウトプット」する、ということです。

本を読んだら感想を人に話す、何かに書き留める。

たったそれだけの「アウトプット」で、本の内容が何倍も記憶に残るのです。

- **読んだ本の内容を何年も覚えておける方法**
- **さらに、その内容が、しっかりと身につく方法**

・自己成長を実感できる読書の方法

そんな画期的な内容で、15万部のベストセラーになったのが、2015年に発売した『読んだら忘れない読書術』（サンマーク出版）です。

それ以前は、読書術の本といえば、「速読」「多読」が主流でしたが、『読んだら忘れない読書術』以後、読書の主流は「アウトプット読書」に変わったのです。最近出版されている読書術の本には、必ずといっていいほど「本を読んだらアウトプットしよう」と書かれていますが、その元祖となったのが、『読んだら忘れない読書術』だと自負しています。

私にとっても、はじめて10万部の売り上げを突破した本であり、その後、「アウトプットすると記憶に残る」「アウトプットすることで自己成長する」という内容を発展させ、シリーズ累計90万部のベストセラーとなった『アウトプット大全』（サンクチュアリ出版）の原点にもなっている、個人的にも思い入れの深い1冊です。

読解力低下が深刻な日本人

私は精神科医、作家として、今まで44冊、累計230万部の本を出版してきて、最近、強く思います。**「日本人の読書離れが進んでいる。そして、日本人の読解力低下は深刻で**

ある」と。

ＯＥＣＤが行う国際的な学力調査ＰＩＳＡによると、読解力テストの結果で日本は、２０１５年の世界第８位から、２０１９年では第15位へと大きく下がっているのです。また、日本人の大人を対象にした読解力のテストでは、日本人の３分の１は、１５０文字程度の文章を理解できない、という結果が出ています。

大人も子供も、読解力の低下が深刻であり、それはさらに悪化しているのです。

その最大の理由は、ＳＮＳの普及でしょう。ＳＮＳは非常に便利ですが、ＳＮＳ上の文章は１文が短く、１行程度の短い文章が好まれます。あなたがＬＩＮＥでメッセージを送るときも、１～２行の短い文章がほとんどのはずです。

つまり、長い文章を読まない、そして書かないわけですから、読解力が低下するのは当然のことです。

読解力が低下すると、文章力が低下する。文章を書かないと、「深く考える」習慣がなくなりますから、「思考力」「判断力」までもが低下します。「読解力」＝「理解力」でもあるので、読解力、理解力が低下すると、職場で仕事の指示を聞き違えたり、指示通りに仕事ができずにミスや失敗を連発したりすることになるでしょう。

ChatGPTを使いこなすにも不可欠な「読解力」「文章力」

これからの時代は、ChatGPTなどのＡＩ（人工知能）が文章を書いてくれる時代だ！
だから、「文章力、アウトプット力は必要ない」と思う人もいるでしょう。

ChatGPTがあれば、学校の宿題もやってくれる。論文も書いてくれる。上手に使いこなせば、本1冊書くことも可能です。つまり、ＡＩ時代において、私たちの文章を書く量は確実に減っていきます。

しかし、「読書する」そして「文章を書く」ことこそが、読解力を伸ばす最大のトレーニングです。逆にいうと、「文章を書かない」ことで、私たちの「読解力」はさらに低下していきます。

そもそもChatGPTは、どのように使うものでしょうか？　プロンプト、すなわち指示となる文章、質問を入力すると、適切な回答が返ってきます。質問の仕方が下手だと、自分が望まないおかしな文章が出てくるだけです。つまり、文章力がなければ、ＡＩを使いこなすことができないのです。

ＡＩは私たち人間の何千倍、何万倍もの速さで仕事をこなしてくれます。言い換えると、ＡＩを使いこなせる人は、「１０００人」のアシスタントを雇うことに匹敵します。しかし適切な質問ができない人、文章が書けない人は、ＡＩを上手に使えない。つまり、「1

人力」で仕事をしていかなくてはいけない。その差は、１０００倍です。

ＡＩが日常化した社会において、「文章力」や「アウトプット力」がなければ、大変なことになる、というのが、私の未来予測です。

さらに、ChatGPT はあなたの回答を「テキスト（文字）」で出力するわけですが、その内容を十分に理解できないとしたならば、どんな素晴らしいＡＩが出てきても、読解力のない人は、それを役立てることができないのです。

ＡＩ時代に必要な能力は、テキストをコントロールする力、つまり、「読解力」と「文章力」です。ＡＩ時代では、「長文を読む」「長文を書く」ことが極端に少なくなりますから、普通に生活するだけで、「読解力」と「文章力」は確実に退化していきます。

ＡＩ時代こそ読解力と文章力があれば最強！

マンパワーでやれば8時間かかる仕事を、ＡＩを活用して1時間で終わらせることができたなら……。仕事効率は8倍です。フリーランスであれば、8倍の仕事をこなしたということは、時給が8倍。つまり、収入が8倍になるイメージです。

読解力と文章力がないと、ＡＩを使いこなせない。逆に、読解力と文章力があれば、ＡＩの力を１２０％引き出すことができる、というわけです。

「言葉」は、AIを使いこなす「ムチ」のようなもの。これが不十分だと、AIという猛獣にかみつかれて、大ケガを負うのです。

この近未来に最も必要な力、それは読解力と文章力。残念ながら、大多数の日本人は持ち合わせていません。しかし、実は読解力と文章力は、簡単に伸ばすことができます。その方法は、きわめて単純です。

それは、「本を読んだら感想を書く」ということ。つまり、『読んだら忘れない読書術』の最も重要なポイントが生きてくるのです。

古くて新しい！AI時代を生き抜く「読書脳」を身につけよう

ChatGPTを使うと、本や文章の要約を簡単に出してくれるので、「AI時代には読書は不要」と考える人もいるでしょう。しかし私の考えは、全く逆です。ありとあらゆる文字情報を取り込み、毎日進化しているAIに対して、年に1冊も読書しない人が、最適な質問を投げかけることは無理だと思います。

人間の脳を進化させることは、簡単です。インプットをして、アウトプットをして、フィードバックをするだけです。具体的にいうと、「読書」というインプット（入力）をして、「感想を書く」というアウトプット（出力）をする。そして、フィードバック（修正、改善）をする。自分の不十分な点を補強していく、その本の疑問を解消していく、さらに知りたいことを学んでいくのがフィードバックです。

「読書」を活用して、インプットをして、アウトプットをして、フィードバックをすることで、脳を進化させて「読書脳」を手に入れることができる。読書をベースとして、読解力、理解力、文章力、アウトプット力、思考力、分析力、判断力を無限に進化させることができる！

その凄い方法は？　なんと、8年前に書かれた『読んだら忘れない読書術』に、その方法が全て詳細に記されていました。

読解力や文章力が不十分な人が増えている。そして、ＡＩが爆発的に広がろうとしている「今」。改めて、『読んだら忘れない読書術』を、『読書脳』というタイトルに改め、1人でも多くの人に読んで欲しい！　と思うのです。

本書には、読書の脳科学的な効用、科学的なエビデンスがふんだんに盛り込まれており、最初から『読書脳』というタイトルでもおかしくない1冊にまとまっていると思います。

今回、『読書脳』として新装刊するにあたり、「内容を大幅に加筆修正する」という案もありましたが、改めて読み直してみると、全く内容が古くない。修正する箇所がほとんどないため、最新の数値など若干の訂正をのぞき、ほぼ原文のままお読みいただくことにしました。

ただし、2015年当時には一般的ではなかった「電子書籍の読み放題サービス」や「オーディオブック」については第6章に追記しました。また、第8章の「精神科医がお勧めする珠玉の31冊」については、現在は入手困難になった本も多かったため、最近の本を含めて新たに31冊を選書しました。

読書は、あなたを裏切らない。

正確には「読書+アウトプット」は、あなたを裏切らない。

読書は楽しいものです。あなたは、楽しみながら、激動の時代を生き抜く「必須のスキル」を身につけることができる。

1人でも多くの人に「読書脳」を手に入れて欲しいと思います。

2023年 7月 精神科医 樺沢紫苑

はじめに

「読んでも忘れてしまう読書」はやめなさい

「本を読んでも、すぐに内容を忘れてしまう」
「せっかく読書をしても、記憶に残っていない」
「凄《すご》くおもしろかったのに、少し時間がたつと内容が思い出せない」

あなたも、こんなふうに思っていませんか？

今まで44冊の本を執筆してきた私は、「樺沢さんの本を読ませていただきました」という読者の方と、よくお会いします。大変うれしいことです。

そこで、「本のどこが良かったですか？」「どの辺が役に立ちましたか？」と内容について質問すると、冒頭の声と同じように「読んだのは少し前なので、細かいところは忘れてしまいました」「ずいぶん前に読んだので、感想は言えません」という答えが返ってくるのです。せっかく読んだのに覚えていない、と……。

このように、「本を読んでも忘れてしまう」という人は思いのほか多いようです。

一般的な本であればおそらく、読書をするために1時間以上は時間をかけたはずです。読んでいる最中も、「なるほど～」と思わず相槌《あいづち》を打ってしまいたくなるような文章に出会ったり、実生活の場で活《い》かせるノウハウを発見したりしていたかもしれません。

それなのに、その内容を覚えていないだなんて、これほどもったいない話はありません。

覚えていない、つまり「記憶」に残っていないということは、それは「知識」としてあなたの中に定着していないということ。もっといってしまえば、その読書は何の役にも立っていない、ということと同じなのです。

厳しいようですが、そんな「読んでも忘れてしまう読書」で年に100冊読んだとしても、ザルで水をすくうようなもので、時間の無駄です。記憶に残らない読書は当然、仕事や生活の場で役に立つことはありません。本を読んですぐに実行できそうなノウハウに出会ったとしても、覚えていないのであれば実践しようもないからです。

それでは「自己成長」に結びつくはずもなく、ただの「読んだつもり」になっているだけの「自己満足読書」にすぎないのです。

では、本をじっくり、丁寧に精読すれば記憶に残るのか、時間をかけて本を読めば内容を忘れないようになるのか、というと、残念ながらそれだけでは記憶に残りません。

「読んだつもりにならない読書」、つまり「読んだら忘れない本物の読書」をするためには、コツが必要なのです。それを、本書で解き明かしていきます。

圧倒的なインプットがあってこそ圧倒的なアウトプットができる

少し、自己紹介をさせてください。

私は著者として、年に約3冊のペースで本を書いています。

また、累計約１００万人の読者がいるインターネット媒体（YouTube 46万人、Twitter 25万人、Facebook 15万人、メルマガ12万人など）を使って、専門分野である精神医学、心理学をわかりやすくお伝えしています。具体的には、２５００文字前後のメルマガを毎日発行し、5分ほどの YouTube 動画を10年間、毎日欠かさずに更新、Twitter にも日々投稿しています。

この話をお伝えすると、必ず次のような質問をされます。

「それだけの情報をどこで手に入れるのですか?」

「ネタ切れにならないのですか？」

「そのパワフルな執筆や情報発信のエネルギーは、どこから来るのですか？」

その秘訣《ひけつ》を一言でいえば、「圧倒的なインプット」ということになります。

圧倒的な量の情報を日々自分の頭に入力しているからこそ、毎日原稿用紙で10～20枚程度、多い日で約30枚分ものアウトプットが可能になるのです。「圧倒的なインプット」があって、はじめて「圧倒的なアウトプット」ができるということです。

そのインプットの軸となるものが「読書」です。

私は月20～30冊の読書を30年以上、これも欠かさず続けています。

私のアウトプット（＝執筆）を支えているのが、月に20～30冊の読書というインプット。そしてアウトプットするからには、インプットした本の内容を忘れずに記憶に残さなければいけません。そして、それを咀嚼《そしゃく》し、自分の知識として定着させていくのです。

つまり記憶に残る読書をしてこそ、執筆というアウトプットが可能になるということです。

アウトプットとは、本の執筆をすることだけにとどまりません。企業に勤めるビジネスパーソンの方は、プレゼンテーションや企画提案などの機会があると思います。こういった場で、これまでの読書で得た知識や発見をアウトプットし、それが結果に結びつけば、その読書は本当にあなたの血となり肉となった、「本物の読書」だったといえるのです。

自己成長につながらない読書は意味がない

「圧倒的なインプット」というのは、食事をすることに似ています。ごはんを食べずに圧倒的な運動量は生まれてきません。また、栄養のバランスが偏っていても、高いパフォーマンスで運動をこなすことはできません。第一線で活躍しているアスリートは、「食事」に細心の注意を払っています。

同じように、**脳に情報・知識という栄養を与えると、脳はそれをアウトプットしたくなるのです。**

「インプット」をして「アウトプット」をする。このように「インプット」と「アウトプット」のサイクルをバランス良く回していくことで、頭の回転はドンドン速くなっていきます。

そして、インプットとアウトプットの繰り返しで頭の回転が速くなることで、猛烈に自己成長していきます。思考力もつき、判断も早くなり、文章を書くスピードも速くなる。結果として時間を有効活用できるようにもなるのです。

「記憶に残る読書術」とは、言い換えると「自己成長につながる読書術」であり、「人生を変える読書術」です。

北海道、札幌に住む映画オタクの学生だった私が、今では東京で毎月講演をし、年3冊も本を出版し続けている。これは、今まで積み重ねてきた「読書」と、そこから得られた膨大な知識の蓄積なしでは考えられません。

そして、蓄積された知識を使いこなしているからこそ本の執筆ができるのであり、それを支えているのは「記憶に残る読書」「読んだら忘れない読書」というインプットに他なりません。

このように、今の私の仕事の基礎となっているのが「読書」です。

「記憶に残る本物の読書」とは、単なる読書術ではなく、時間術、文章術、集中力、といったありとあらゆる仕事術やスキルと深く結びつくのです。

「精神科医」×「SNSの超プロ」が教える「読んだら忘れない読書術」

本書では、精神科医としての観点から、脳科学的な裏付けのある「読んだら忘れない読書術」をはじめて公開したいと思います。

キーワードは、「アウトプット」と「スキマ時間」。なぜ、この2つがあれば「読んだら忘れない読書」ができるようになるのか、さらに、脳内物質をうまくコントロールし効率良く記憶に残す方法などについてお話しします。

また先述したように、私はソーシャルメディア上で累計約100万人のフォロワーに向かって毎日情報発信をしています。「SNSの超プロ」としての立場からも、ソーシャルメディアを使いこなし、読書で得た知識をアウトプットする方法、人とシェアする方法などもお伝えしていきます。

せっかく素晴らしい本と出会い、せっかく時間を使って読んだというのに、それを忘れてしまうなんて、もったいない！

是非本書を通じて「読んだら忘れない読書術」を手に入れてみてください。

そして、あなたの人生がより充実した、豊かなものになれば、著者としてこれほどうれしいことはありません。

読書脳　目次

第1章

なぜ、読書は必要なのか？ 読書によって得られる8つのこと

第2章

「読んだら忘れない」精神科医の読書術　3つの基本

第3章 「読んだら忘れない」精神科医の読書術 2つのキーワード

第4章 「読んだら忘れない」精神科医の読書術 超実践編

第5章
「読んだら忘れない」精神科医の本の選択術

第6章

早く、安く、たくさん読める究極の電子書籍読書術

第7章 「読んだら忘れない」精神科医の本の買い方

第8章 精神科医がお勧めする珠玉の31冊

おわりに……264

装　　　　　丁／萩原弦一郎（256）
本文デザイン／山中 央
本文DTP／天龍社
編 集 協 力／鷗来堂
編　　　　　集／黒川可奈子＋橋口英恵（サンマーク出版）

第1章

なぜ、
読書は必要なのか？
読書によって得られる
８つのこと

読書は人生に大切なもの全てを与えてくれる

本によって得られる本当のメリットとは？

読書の重要性をネットに書くと必ず「読書なんか必要ない」という書き込みをされます。でも、「読書の習慣のない人」は、読書の本当のメリットを知らないはずです。

あなたの人生で大切なものは何でしょう。「健康」「お金」「時間」「人（つながり）」「自己成長・自己実現」……。

読書はこれら全てを与えてくれます。

私の読書術について具体的に説明する前に、なぜ私がこれほど読書に魅了されているのかという経験も含めて、「読書によって得られるもの」について考えてみたいと思います。

【読書によって得られること 1】

結晶化された知識～「デパ地下の試食理論」

ネット情報はいわば「デパ地下の試食」である

「今は、インターネットの時代。ありとあらゆる情報がネット上にあふれているから、検索すれば何でもわかる」と言う人がいます。極端な人は、「ネット情報があるから、本なんかいらない」と言います。私は、これは全くナンセンスだと思います。

デパ地下に行くと、たくさんの試食品が食べられますね。何個かつまんで食べてみると、どれもおいしい。でも、試食だけでお腹《なか》いっぱいになるでしょうか？

ネット情報というのは、デパ地下の試食のようなものです。有料で販売している商品を小さく切って食べさせてくれますから、1つ1つはとてもおいしいものです。しかし、これをいくつかつまんだとしても、お腹いっぱいにはなりません。

ネット情報は、「断片化」されています。つまり、体系化されていないということです。知識の一部分だけを知ることはできても、「本」のように物事の全体像を、順を追って体系的に学ぶことはなかなかできません。

「情報」と「知識」はどう違う？

1年前の新聞を取り出して読んでください。凄《すご》く役に立つことが書かれていますか？ おそらく、あまり実生活の役には立たないでしょう。それは、新聞がほとんど「情報」で占められているからです。

今度は、10年前に買った本を本棚から取り出して読み返してください。「なるほど。古くなっていない。昔読んだときと違う新しい発見があった」と思う本がたくさんあるのではないでしょうか?

1年たって古くなるのが「情報」、10年たっても古くならないのが「知識」です。

ネット、テレビ、新聞、雑誌、週刊誌などで得られる内容は大部分が「情報」で、体系だった本から得られるのが「知識」です。

「情報」とは、「事実」であり「結果」であり「事象」です。

「知識」とは、事実、結果、事象の積み重ねから吸い上げられた「エッセンス」です。

もちろん、ネット上のサイトやブログで得られる「知識」もあります。逆に「情報」しか載っていない「本」もありますが、ザックリまとめるとネットは「情報」を得るもので、本は「知識」を得るものといえるでしょう。

英語でいうならば、「情報」は"information"(インフォメーション)ですが、ここでいう「知識」は"intelligence"(インテリジェンス)のイメージです。

「単なる知識」ではなく「結晶化された知識」。単なる羅列された文字情報ではなく、実践可能、応用可能で行動につながり、10年たっても風化することのない「結晶化された知識」を得られるのが「本」なのです。

「情報」とは、いうなれば「断片化された知識」です。その情報を集め、分析し、整理し、理解し、記憶し、体系化し、熟成して、はじめて自分の生活、ビジネス、人生に役立てられる「結晶化された知識」にすることができます。

「本」では、既に著者が情報を分析し、整理し、体系化してくれています。そこには最初から「知識」が書かれていますから、「本」から直接「知識」を吸収するほうが、一から学ぶよりも100倍楽であり、効率的です。

もちろん、「情報」も大切です。最新のニュースを視覚情報で得られるテレビ、一瞬で知りたいことを検索できて、多くの人の意見も見られるネット……。

これらから必要な「情報」を得ながらも、自分でさまざまな内容の本を読み、「情報」と「知識」のバランスをとっていくことが必要なのです。

【読書によって得られること 2】

時間〜「時間購入理論」

「時間」があれば幸福になれる

私は、世の中で大切なものが5つあると思っています。

「お金」「時間」「情報・知識」「人（つながり）」「健康」の5つです。

あなたはこの5項目の中で、何が最も重要だと思いますか？　人によって価値観は違うでしょうが、私にとっては「時間」が最も大切です。時間がなければ他の4つを手に入れることは不可能だからです。

睡眠時間がとれなければ、病気になってしまいます。

時間があれば、家族や友人と過ごして人間関係を深めることができます。

時間を使って働けば、お金を得ることができます。

時間を使って読書をし、知識を得ることもできます。

「時間」に余裕があれば、全てを手に入れることができ、間違いなく「幸福」になれるのです。

しかし、1日の時間は24時間と決まっています。時間だけは平等です。ですから、時間の使い方をどうするかで、私たちが成功できるか、幸福になれるかが全て決まってしまうということです。

本1冊で毎日30分を節約できる

先日、従業員3名の小さな建設会社を訪れました。すると朝、仕事を開始するやいなや、事務員の1人が、パソコンに向かってせっせと機械的な作業を始めたのです。

「何をしているのですか？」と尋ねると、「毎日、迷惑メールがたくさん届くので、削除していています。毎日30分くらいかかりますが、しようがないですね」と言ったのです。

私は驚きました。「今どき、何十通もの迷惑メールを毎日毎日、手作業で削除している人がいるのか！」と。その作業時間、１日30分。年間３００日で１５０時間の損失です。

実は、少し前はそうした状況はどこにでもありました。しかし、Google のメールサービス、Gmail が登場、普及してから、Gmail のユーザーはスパムメールの処理に１日10秒も使わないで済むようになったのです。

自分に送られてくる全てのメールを一度 Gmail に送り、Gmail のスパムフィルターを通すと、99・９％の精度でスパムメールを仕分けしてくれるので、迷惑メールが受信箱に入ることはほとんどなくなります。

そんな Gmail の使い方をまとめた本が、私の『メールの超プロが教える Gmail 仕事術』（サンマーク出版）です。この本は Gmail に関するバイブルとして、長く読まれ続けています。

先ほどの事務員の方は、年間１５０時間を無駄にしているのですが、私の『Gmail 仕事術』をお読みいただき、30分ほどで Gmail の設定を済ませば、その瞬間にスパムメールの処理から解放されるのです。

たった1冊の本が、毎日30分、年間150時間も節約してくれる。

知っているかいないかで、一生で何百時間も違ってきます。その大幅な時間を節約する知識が書かれているのが「本」なのです。

そして、その何百時間を節約するために必要な経費は、本の価格、約1500円にすぎないのです。

他人の経験はお金で買える

例えば、これから「Twitter などのSNS（ソーシャルネットワーキングサービス）を始めたいという人。そういう人は、まず何をするでしょうか？

自分でSNSのアカウントを作り、自力で試行錯誤しながら、SNSを使い始める。あれこれいろいろと試しながら、何とか使い方を学習して、3ヶ月くらいしてようやくひと通りの機能が使いこなせるようになります。

1日1時間だとしても90時間。だいたい100時間程度の試行錯誤をすれば、自力でSNSを使えるようになるでしょう。

でも、もっと簡単な方法があります。SNSを始めようと思ったら、まずそのSNSについての本を1冊読んでみるのです。

本を読んで基本をきちんと学んでからSNSを使い始めれば、100時間かかる試行錯誤が10時間に短縮できるかもしれません。たった1500円の本を数時間かけて読むだけで、90時間節約できるのです。あなたの時給が1200円だとしたら、10万円以上の節約です。

新しいことを始める場合、ゼロから試行錯誤する必要はないのです。何百時間も試行錯誤してくれている先人がいて、本にまとめてくれているのですから、その先人から試行錯誤の結果を学べば良いのです。

これは、決して「試行錯誤は必要ない」ということではありません。

試行錯誤は重要です。成長や成功のためには、試行錯誤は絶対に必要です。

私もYouTubeやTwitterを始めるにあたって、膨大な時間をかけて試行錯誤をしています。しかし、最初に本を1冊読むだけで、「基本操作や基本的な使い方」にかける試行錯誤をショートカットすることができます。

いきなり高レベルな試行錯誤からスタートできるわけです。

それは、マラソンにおいて、いきなり10キロメートル地点からスタートするのと同じくらい有利な話です。本を1冊読むだけで、そんなセーフティーリードがもらえるのです。

本には、何千人もの成功体験と何千人もの失敗体験が載っています。ありとあらゆる成

功事例と失敗事例の集大成が、本といえます。

あなたがこれから何か新しいことを始める場合、完全にゼロからスタートするのと、「1000人の成功体験と1000人の失敗体験」を本で勉強してからスタートするのとでは、どちらが有利でしょうか。

もちろん他人の体験がそのまま全て自分に当てはまるとは限りませんが、他人の体験を参考にすることで、自分でゼロから行う無駄な試行錯誤を全て省略できます。読書によって誰もが陥りやすいありがちなパターンでの失敗を回避し、成功の道筋を最短で見つけ出すことができるでしょう。

読書で1日を「72時間」に増やすことができる

「樺沢さんは何時間寝ていますか?」とよく質問されます。あるいは、「全部、樺沢さん1人でやっているのですか?」とも質問されます。

毎日のSNSでの発信。毎日更新されるYouTubeの動画。年3冊の本を執筆し、さらに月に30冊読書をして、月に10本以上も劇場で映画を見て、年2回は長期旅行にも出かける……。

こんな姿を見ると、他の人の3倍仕事をして、睡眠時間もとっていないように見えるそうです。

しかし、私は毎日8時間の睡眠をとっています。

他の人には「超人」だと思われるようですが、私が他人の3倍、つまり1日に72時間分くらいの活動ができるのは、全て本から学んだ知識を徹底的に活用して、時間短縮・時間効率を高める方法を究極のレベルで実践しているからに他なりません。

ほとんどの人の仕事、生活は、無駄だらけです。無駄なことをやり、無駄なことをして疲れ、無駄なストレスを抱えて病気になる。

そういう「無駄」を避け、膨大な時間を節約する方法がたった１５００円の「本」に書かれています。

それを知るのか、知らないのか。

本を読めば、大幅な時間短縮が可能です。

私のように、他の人の3倍仕事をこなしているのに、余暇時間を2倍とることも可能になります。

【読書によって得られること３】

仕事力～「料理の鉄人理論」

なぜ、ライバルはいつも準備ができているのか？

職場で、あなたがライバルだと意識する人はいませんか？

上司が「この書類、明日までにまとめてくれる人はいないか？」と言うと、ライバルはさっと手をあげます。いきなり任されたその仕事を明日までに終わらせるには、資料の読み込みや事前の情報収集が必要なはず。あなたは一瞬躊躇《ちゅうちょ》しましたが、ライバルはすぐに反応します。職場で要領良く仕事をこなす「できる奴《やつ》」というのは、なぜかいつも「準備」ができていて、チャンスが訪れると物凄いスピードでかっさらっていくものです。

ライバルはいつも「準備」ができているのに、なぜあなたは「準備」ができていないのでしょう。それは、ライバルは頭の中に、自分だけの「キッチンスタジアム」を持っているからです。

昔、『料理の鉄人』というテレビ番組がありました。キッチンスタジアムを舞台に、道場六三郎、陳建一などの料理の鉄人に毎回、挑戦者が挑み、審判がジャッジ、勝敗を決めます。

最初に「本日のテーマ食材」が発表されます。キッチンスタジアムには、テーマ食材の他、たくさんの食材が用意されています。テーマ食材が発表された直後に開始のドラが鳴り、鉄人と挑戦者は瞬時に料理の構成を組み立て、食材を持ってきて、すぐに調理スタート。制限時間は、わずか60分です。そのたったの60分で、鉄人と挑戦者は4～5品にも及ぶ素晴らしい料理を完成させるのです。

鉄人と挑戦者の調理の手際の良さ。時間制限による緊迫感あふれる展開。実況中継のおもしろさなどがあいまって深夜の放送にもかかわらず人気番組となっていました。

さて、質問です。なぜ鉄人たちは、「たったの60分」で、審査員をうならせる素晴らしい料理を作ることができたのでしょうか？

1つには、もちろん料理人の腕があります。そしてもう1つは、新鮮で質の良い肉、魚介、野菜が、既にキッチンスタジアムに並んでいたからです。当然ではありますが、キッチンスタジアムに食材が並んでいなければ、「買い出し」から始めなければいけないので、60分で料理を完成させることはまず不可能です。

ここで話を戻しましょう。あなたは上司から急に「この書類、明日までにまとめてくれる人はいないか？」と言われる。でもその書類をまとめるには、関連資料や関連書籍を調べて読み込む必要があります。上司に言われてから、必要な資料や情報を集める。足りない分は関連書籍を注文する。そんなことをしていては、明日の締め切りに間に合うはずがありません。

つまりあなたの頭の中には、普段からいわば「キッチンスタジアム」を作っておかなくてはならないということです。そこには自分の仕事や専門に関する大量の知識・情報がわかりやすく整理されて、陳列されている……。この知識・情報をもたらしてくれるのが、まさに「本」なのです。

読書によって頭の中に「キッチンスタジアム」を事前に作っておけば、「明日までに資料をまとめてくれ」と急に言われても焦る必要はありません。頭の中から取り出すだけなので、1秒もあれば「高級食材」も「新鮮な魚介」も用意できる。その「上質な食材」を使って、すぐに調理にとりかかることができるのです。つまり、開始のドラが鳴った直後から「資料をまとめる」というアウトプットの作業に集中できるということ。

ここで頭の中にキッチンスタジアムがない人は、仕事を依頼されてから、資料や本を集めて、そこから読み始める。開始のドラが鳴ってからインプットを始めるわけですから、実際に「資料を作る」ためのアウトプット時間はわずかしか残りません。

要領良く仕事をこなしている「できる奴」というのは、日頃から読書をして、頭の中に「キッチンスタジアム」を構築している。だから、急な仕事の依頼にも対応できる、「準備」ができているのです。

読書でライバルに圧倒的な差をつける

日本人の年間の読書量は12・3冊といいます。1ヶ月に、たったの1冊です。さらに、驚愕《きょうがく》のデータがあります。

文化庁の「国語に関する世論調査」（2018年度）での「1か月に大体何冊くらい本を読んでいるか」（雑誌や漫画をのぞく）という質問に対して、本を1冊も「読まない」と答えた人が、全体の47・3％にものぼっています。驚くことに、日本人の半数近くが本を読む習慣がないのです。

「1、2冊」と答えた人が37・6％。「3、4冊」が8・6％。「5、6冊」が3・2％。「7冊以上」が3・2％です。

つまり、**月に7冊読むだけで、あなたは読書量において日本人の上位3％に入ることができるのです。**

月に7冊といえばとても多いように思えますが、4日に1冊のペースで読めばいいだけです。総務省統計局の調査（2016）によると、通勤時間の全国平均は79分（往復）といいますから、4日間の通勤時間は合計で約5時間。その時間を読書に充てれば、本を読むのが遅い人でも、通勤時間だけで4日に1冊くらいは読めるでしょう。

良質のインプットが、良質のアウトプットを呼び、自己成長を加速していく。あなたが会社のライバルを抜き去りたいのであれば、とりあえずインプットの量と質で勝たなくてはなりません。

その目安としては、月7冊。もしあなたのライバルが、月3冊しか読んでいないとすれば、月4冊、年間で50冊の差はつきますから、あなたはインプット量において、そしておそらくは「自己成長」の速度においても、ライバルに圧倒的な差をつけられるはずです。

「インプット量」で勝ち、「アウトプット量」で勝ち、自己成長のスピードで勝てば、あなたはライバルに圧倒的に差をつけることができるのです。その第一歩が、「インプット量」を増やすこと。

そのために一番簡単なのは、読書量を増やすことです。

また、日本人で月10冊読む人は、約2％という数字も出ています。つまり月10冊の読書をすれば、日本人の上位2％に入れるということになります。

本書では、あなたに「月10冊」を記憶に残しながらコンスタントに読み、圧倒的に自己成長する方法をお伝えしていきます。

文章力をつけたければ、本を読め

先述しましたが私は、だいたい年に3冊のペースで本を出版しています。さらに、毎日、ブログやTwitterに記事を投稿し、メルマガも発行しています。毎日、原稿用紙で10枚から20枚、多い日で30枚以上の文章を書いていることになります。

私はよく、「どうしてそんなにたくさん文章を書けるのですか？」「どうしてそんなに速く文章を書けるのですか？」と聞かれます。

答えは簡単です。たくさん本を読んでいるからです。

本を読む人と読まない人の決定的な違いは、「文章力」があるかどうかに表れます。

本を読んでいれば、たくさんの「文章」と接するわけで、当然「文章」に関する知識と直感も磨かれます。

『キャリー』（永井淳訳、新潮社）、『シャイニング』（深町眞理子訳、文藝春秋）、『グリーン・マイル』（白石朗訳、小学館）などのヒット作で知られるアメリカの小説家スティーヴン・キング。彼は自らの小説作法についてまとめた『書くことについて』（田村義進訳、小学館）の中で、次のように述べています。

「作家になりたいのなら、絶対にしなければならないことがふたつある。たくさん読み、たくさん書くことだ。私の知るかぎり、そのかわりになるものはないし、近道もない」

『書くことについて』は、小説家に限らず、プロの物書きになりたい人、また文章がうまくなりたい人は必読の1冊です。より良い文章を書くためにキングが行っているありとあらゆる工夫が詳しく紹介されています。この本は400ページを超える凄いボリュームがありますが、最も重要な部分は、この3文でしょう。

文章を上達させたければ、たくさん読んで、たくさん書くしかない。

現代アメリカを代表する小説家の結論が、これなのです。

そんなキングは、1年間で何冊本を読むのかというと、70冊から80冊とのこと。

少ないようにも思えますが、アメリカの小説は分厚いペーパーバックがほとんどです。日本の本と比べると2倍近いボリュームがあります。つまり、日本の本に置き換えると150冊くらいでしょうか。

月10冊以上の読書をしていれば、文章力も磨かれる。それは作家にもなれる読書量だといえるのです。

ネット時代とは文章力が試される時代である

「文章力」というのは、実はインターネットの時代となった現在、極めて重要になっています。

会社の通達やお知らせもメールで来るし、日報や報告書もパソコンで文書にしないといけない。一昔前であれば、直接話し、直接伝えていたのが、最近では「文章」を通して「書く」「読む」ことによってコミュニケーションをする割合が飛躍的に増えています。

仕事に限らず、友達との交流や恋愛、さらに夫婦や親子の交流、連絡も「メール」「メッセージ」なしでは考えられません。つまり、自分の考えを文章で的確に表現できる人は、仕事で成功する。また、自分の思い、気持ちを文章で的確に表現できる人は、友人や恋人、家族と上手にコミュニケーションができ、友情と愛情に包まれた生活が送れるのです。

インターネットの時代では、「文章力」は絶対に不可欠な「仕事力」だといえます。

そして、「文章力」を鍛えるほとんど唯一の方法は、キングの言うように「たくさん読んで、たくさん書く」ことなのです。

本を読まない。文章も書かない。それでいて、文章力を鍛えることは不可能です。

言い換えると文章力を鍛える方法とは、インプットとアウトプットを繰り返すことです。アウトプットを前提にインプットを行い、インプットをしたらアウトプットをする。それをフィードバックして、また別のインプットをしていく。本書でお勧めする「アウトプット読書術」を実践するだけで、文章力は確実に鍛えられます。

インターネットに文章を書きながらそれを繰り返していくと、ブログ、Twitter、メルマガなどで人気を博すこともできますし、本を出版することも夢ではありません。

本をたくさん読んで、ネットにたくさん文章を書く。

私が、ここ20年以上毎日やっていることを一言でいうとそうなります。

たった2行で起こった「プレゼンテーション革命」

読書によって仕事力がアップする。その具体例として「文章力」をあげましたが、他にどのような仕事力をアップできるのでしょうか？

仕事力にもいろいろあります。営業力、コミュニケーション力、決断力、問題解決力、時間管理力、プレゼンテーション力、指導力、リーダーシップ……。

実は「本」を読むことで、これらの仕事力全てをアップさせることができます！　なぜならば、これらのスキルをアップさせる本は書店に行けば、それぞれ10冊以上並んでいるからです。

本というのは、ありとあらゆる仕事力をアップさせることができる。でも、なぜか多くの人は、本を読まないし、読んでもあまり実行しない。本のノウハウをもっと徹底的に実行・実践していけば、いくらでも仕事力を伸ばせるというのに、残念な話です。

実際に私の例をお伝えしましょう。私は、正直にいうと、話すのは苦手です。特にたくさんの人の前で話すのは苦手。ですから、1対1で会話を進めていくことを商売とする精神科医を選んだわけです。

しかしながら、どんな職業を選んでも、「人前で話す」という場面は絶対に訪れます。発表やプレゼンテーションの機会はいくらでもあります。医者の世界では、「学会発表」というものがあって、100名以上を前にして話をしなければいけない状況に追い込まれます。どうせやるのなら上手にやりたい、ということで「プレゼンテーション」の本を読む。カッコ良いスライドを作りたい、ということで「パワーポイント」の本を読んで勉強する。このように、少しずつプレゼンテーションの技術を向上させてきました。

今では、「講演」が私の重要な仕事になるほど、毎月、講演会やセミナーを開催し、100人の参加者の前でも、堂々と話せるようになりました。

私のプレゼンテーション力を飛躍的に向上させた本があります。

それは、『プレゼンテーション zen』（ガー・レイノルズ著、熊谷小百合訳、ピアソン桐原）です。

この本では、プレゼンテーションのアイデアの練り方から、インパクトのあるスライドのデザイン、さらにプレゼンテーションの技術まで詳しく解説され、全てのページに新しい発見があるのですが、私がインパクトを受けたのは、デヴィッド・S・ローズによる次の2行です。

「スライドをそのまま印刷したものを配ることは、絶対に避けるべきだ。ましてや、プレゼンテーションの前に配布するのはもってのほかである」

この2行を読んだ瞬間に、雷に打たれたような衝撃にとらわれました。スライドを印刷したものをプレゼンテーションの前に配る。まさに、私がやっていたこと、そのものだったからです。資料があったほうが、後ろに座った人もスライドが見づらくても便利だろうし、メモもとりやすいだろう。「資料前渡し」がプレゼンテーションの常識。参加者に対するベストのサービスだと思っていた。その常識が完全に間違っていたのです。

早速、次回のセミナーから、資料を後で渡すスタイルに変えました。

そうすると、驚くべきことが起こったのです！　まず、参加者の目の輝きが違う。よく見ると、参加者全員が話をしている自分のほうを見ているではありませんか。

これは、「資料前渡し」をしていたときには、絶対にあり得なかったことです。どんなに熱弁をふるっていても、資料のほうを見ている人は必ずいるし、参加者が熱心なほど、資料の余白にメモしたりするわけですから。

「資料後渡し」にすることで、参加者は講師に注目せざるを得なくなり、参加者の集中力が何倍にも高まります。そうすると、参加者が講演、セミナーの内容を、何倍も吸収できるようになります。セミナー後のアンケートも大好評で、いつもよりはるかに満足度が高かったのです。

「資料後渡し」方式にしてから、私のセミナー参加者が急増しました。30人集めるのも大変だったのが、毎回必ず50人は集まるようになり、気づくと100人の会場が満席になるようになっていました。一度セミナーに参加した人が、圧倒的な満足感からリピーターになって、何度も通うようになったからです。

たった1冊の本、それもたった「2行」のアドバイスを実行しただけで、私は参加者が100人集まる人気講師に変身できたのです。

たった1冊の本を読んだだけで、私の「プレゼンテーション力」に革命が起きた。

本は、私たちの「仕事力」をアップさせてくれる！　これは間違いないことです。

【読書によって得られること 4】

健康～「ストレス緩和理論」

本を読めば、ストレスと不安から解放される

本を上手に活用できる人は、ストレスが緩和され、「悩み事」でクヨクヨすることから

解放されます。しかし、この事実は、ほとんどの人が知りません。

なぜなら、読書家は問題や悩み事に直面しても、「本」を参考にして、早期のうちに解決してしまうので、大きなストレスや厄介な悩み事に煩わされること自体がないからです。

一方で、滅多に本を読まない人は、「悩み事」を抱えたとしても、「本を読んで問題解決をしよう」とは思いません。

過大なストレスに支配され、大きな「悩み事」を抱えたとき、人は「視野狭窄《きょうさく》」に陥ります。目先のことしか考えられなくなり、頭に思いつく選択肢が減っていくのです。普段から本を読む習慣がない人は、「本を読んで問題解決しよう」という発想すら浮かばないということです。

人間の悩み事というのは、だいたい共通しているものです。人間関係の悩み、仕事上の悩み、恋愛の悩み、金銭のトラブル、子供の教育、成長の悩み、病気や健康に関する心配や悩み……。こうした悩みに対する解決法は、ほとんど全て既刊の本に書かれています。

本に書かれている通りの方法を忠実に実践すれば、ほとんどの場合、悩みは解決するか、少なくとも軽減するはずです。

しかし不思議なことに、悩みの渦中にいる人は、問題解決のために本を読もうとしません。悩みの渦中にいる人が本を読まない大きな理由は、「それどころ」ではないから。

「悩み」や「ストレス」を抱えた場合、心理的に余裕がなくなってしまいます。普段から滅多に本を読まない人が、そんな心理状況で本を読めるかというと、読めないのです。

精神科の患者さんは、自分の病気について山ほど質問を投げかけてきます。精神科の外来には、いくつかの病気ごとに「患者さん向けにわかりやすく書かれたQ&A集」が置かれているので、ある程度口頭で説明した上で、「詳しくは、こちらをお読みください」とその小冊子を渡します。

次回、「小冊子は読みましたか？」と聞くと、多くの方は「読んでいません」と言います。「なぜ読まなかったのですか？」と聞くと「それどころじゃなかったからです」と。それで結局また、小冊子に書いてあることと同じ質問を、何度も繰り返し聞いてきます。

自分の病気について心配があれば、1冊本を読むだけで、その疑問のほとんどは解決しますし、病気に対する不安や心配もとりのぞかれます。しかし、自分から書店に行って病気の本を買って読んで勉強する、という人は非常に少ない。それどころか、小冊子を渡しても読まないのです。

普段から本を買う習慣、本を読む習慣のない人が、病気になり切羽詰まった状態で本を読めるはずがないのです。

解決法を知るだけでストレスは軽減する

この話をすると、次のように反論する人が必ずいます。

「いくら解決法を学んでも、実際に問題が解決されないと意味がないし、ストレスも減らないじゃないか」

悩み事の解決法がわかっても、悩み自体が解決しなければストレスは続く。

この考え方が間違っていることは、脳科学的に証明されています。

おもしろい動物実験があります。

2つのケージ（AとBとする）にそれぞれ1匹のマウスを入れて、そのマウスに電気ショックを与えます。Aのケージにだけ、電気ショックを止めるレバーがついています。そのレバーを踏むと、両方の電気ショックが止まる仕組みになっています。したがって、電気ショックを受ける回数、時間は、AとBのマウスは全く同じになります。

何度か電気ショックを与えると、Aのケージのマウスは、電気ショックを止める方法を学習します。レバーを踏んで自分で電気ショックを制御できるマウス（A）と、何もできなくて、ただ電気ショックにおびえるマウス（B）では、どちらがよりストレスの影響を受けるでしょうか？

結果は、電気ショックを受ける回数や時間は全く同じであったにもかかわらず、何もできないBのマウスのほうは、ストレスによって猛烈な早さで衰弱し、よりストレスの影響を受けたのです。

ストレス（電気ショック）を受けた時間、回数は全く同じです。しかし、苦痛を制御する方法を知っただけで、不安とストレスが大きく軽減したのです。

つまり、「どうしていいかわからない」状態において、最もストレスが強くなる。**対処法、解決法を調べて「何とかなる」（コントロール可能）とわかっただけで、状況は全く改善していなくても、ストレスの大部分はなくなるということです。**

言語情報が不安を消し去ってくれる

解決法を知るだけでストレスや不安が軽減される。もう1つ、科学的根拠を示しておきましょう。

不安というのは、脳の「扁桃体《へんとうたい》」という部分と関連しているということが脳科学の研究でわかっています。「扁桃体の興奮」=「不安」という図式です。

うつ病とは、ストレスに長期にわたってさらされたために、「扁桃体の興奮」のスイッチが持続的にオンになって戻らなくなってしまった状態だと考えられています。ですから、うつ病の患者さんは、常に不安で、何でも悪いほうに考えてしまいがちです。

逆にいうと、「扁桃体の興奮」を鎮めれば、不安を減らせるということです。脳機能イメージングを使った研究によると、「言語情報」が脳内に入ってくると、扁桃体の興奮が抑制され、それにともないネガティブな感情は静まり、気分も改善され、決断能力が高まることが観察されました。

子供がケガをしたときに「痛いの痛いの飛んでいけー」とおまじないをかけると実際に痛みが軽減するのは、暗示効果もあるでしょうが、「言語情報の流入による不安の除去」の結果でもあるのです。

医者からただ「この薬を飲んでください」と言われても不安なままですが、きちんと薬の説明をされるとそうした不安は軽減します。

「情報」は、人間の不安を和らげてくれるのです。

「脳への言語情報の流入」というのは、「話す」「聞く」「読む」などさまざまなパターンがあります。その中でも人に相談する、人から情報を得るのが最も効果的なのですが、「話す」「聞く」には相手が必要です。

しかし、「読む」のに相手は必要ありません。本1冊分のお金があれば、誰にでも、自分1人で、すぐに実行可能です。

心配事があれば、その対処法について書かれた本を1冊買ってきて読めばいい。「言語

情報」によって不安は軽減し、「解決法を知る」ことでストレスも軽減するのです。

本を上手に利用すれば、不安やストレスのかなりの部分を減らし、そしてコントロールできるようになります。

6分間の読書でストレスが3分の2以上軽減する

読書には、ストレスや不安を解消する効果がある。では、実際に読書をした人を対象にした研究ではどういう結果が出ているのでしょう。

イギリスのサセックス大学でのストレス解消についての研究では、読書、音楽視聴、1杯のコーヒー、テレビゲーム、散歩、それぞれのストレス解消効果を、心拍数などをもとに検証しました。その結果、読書は68％、音楽視聴は61％、コーヒーは54％、散歩は42％、テレビゲームは21％のストレス軽減効果が見られ、読書が最も高いストレス解消効果が得られるということがわかりました。また、静かなところで読書を行えば、わずか6分間でストレス解消効果が得られ、即効性があることもわかったのです。つまり、静かな場所で6分間読書をすれば、ストレスを3分の2以上軽減できるということになります。

頭が良くなる～「読書脳活性化理論」

読書をすると頭が良くなる！

私は元来、頭が良いとはいえない人間でした。少なくとも高校、大学くらいまでは。高校の同級生たちは、今私がこうして40冊以上も本を出していることや、YouTubeでの情報発信、講演活動をしていることを知ると、みんな驚きます。

ただ、大学卒業時と今を比べると、圧倒的に頭が良くなっている自負があります。思考力、分析力、集中力、文章力、発想力、問題解決能力など、比べものにならないほど進化しています。

その理由は、月に30冊の読書と、毎日文章を書くことを、30年以上継続してきたからです。

文章を書き続けるためにはインプットが必要ですから、「文章を書く」ことと「読書」は表裏一体となっています。読書と文章を書くことの訓練を続けてきたことによって、他の人にはできないような発想で新しい切り口の本を書くことができるようになりました。

特に、２００７年に常勤の勤務医をやめて作家として独立してから、さまざまな能力が飛躍的にアップしています。それも自由な時間が増えたおかげで、「読書によるインプット量」と「文章を書くアウトプット量」が飛躍的に増加したからに他なりません。

「頭が良くなる」といっても、それは「知識」が増えただけでしょう？　と多くの人は誤解します。

しかし、**読書は私たちを「物知り」にしてくれるだけではありません。読書によって「地頭が良くなる」「知能が高くなる」「脳が活性化し、脳のパフォーマンスが高まる」**ということは、多くの脳科学研究が示しています。

人間の脳は一生成長し続ける

「頭の良さ」は生まれつき決まっている。あるいは、脳の神経は、せいぜい20歳くらいまでしか成長しない、20歳をすぎたら脳細胞は死ぬだけ、と思っている人は多いかもしれません。しかしこれは、現在では間違いであることが証明されています。

昔、私が医学部の学生だったときは授業でそう習いましたが、脳科学研究の進歩で、脳細胞の一部は20歳をすぎても分裂、成長し、さらにそれは一生続くということがわかりました。

特に、神経細胞が枝を伸ばして、他の神経細胞とネットワークを構築するという「脳のネットワーク構築」は、一生にわたって行われます。脳のトレーニングによってネットワーク構築を活性化することもできますし、一方で脳を使わなければ、鈍化し、記憶力も低下し、認知症へと一直線です。

人間の能力は生まれたときに決まっている、というのは大間違い。あなたが30歳でも、40歳でも、50歳でも、今から伸ばすことができます。

人間の能力は、脳を鍛えることによって、一生伸ばし続けることができるのです。

では、人間の能力を伸ばすために何をすればいいのか？　それは、「運動」と「読書」です。「運動」すると頭が良くなる。これはとても重要なことなので詳しく述べたいところですが、本書の内容とはズレてしまいます。それについて知りたい人は、運動と脳についての研究をまとめた決定版ともいえる『脳を鍛えるには運動しかない！　最新科学でわかった脳細胞の増やし方』（ジョンJ．レイティ、エリック・ヘイガーマン著、野中香方子訳、NHK出版）をお読みください。この本を読むと猛烈に運動がしたくなります。

ここでは、「読書」が頭を良くするというデータを示します。

苫米地英人氏は『15歳若返る脳の磨きかた』（フォレスト出版）の中で、「IQの高さというのは、じつは読んだ本の数にほぼ正比例しています」「たくさん本を読めば読むほど（IQが）高くなる」「読書はIQを高める一番の手段」と断言しています。

その他、読書が知能や脳に与える影響について研究されたデータの要約を箇条書きで紹介します。

- ＩＱを左右する要因として、遺伝の次に大きいのは読書量だ。何を読んだかではなく、どれだけの量を読んだかがカギとなる。（読書量がＩＱに影響を与える）アメリカアイオワ州立大学の研究
- 高齢になってからの読書は精神的退化を32％遅らせ、逆に頭を全然使っていないと精神的退化が48％加速する。（読書による脳の老化防止効果）アメリカラッシュ大学の研究
- 読書やパズルなど日頃から頭を使った趣味を持つ人はアルツハイマー病にかかるリスクが低い。（読書の認知症予防効果）アメリカケースウェスタンリザーブ大学の研究
- 文章を読んでいるときに、前頭前野、頭頂葉、側頭葉、後頭葉のさまざまな場所が、両側ともに活性化する。また、音読をするとさらにこれらは活性化する。（読書が脳

を活性化する）東北大学川島隆太教授の研究

・地頭の発達のカギとなり、集中力を発揮するときにも使われる脳の前頭葉の前側にあるＤＬＰＦＣ（前頭前皮質背外側部）という部位が、読書に集中している状態で活発化する。（読書が集中力を鍛える）茂木健一郎

・文学作品を読むと、人の表情からその心情を読みとる能力が向上する。（読書の共感力アップ効果）アメリカニュースクール大学の研究

さまざまな研究によって、読書が「記憶力」「思考力」「集中力」「情報処理能力」「共感力」「コミュニケーション能力」「創造力」などを鍛えてくれることが判明しているということです。

あるいは、最近では社会的な成功は、ＩＱではなく、ＥＱ（心の知能指数）やＳＱ（社会性の知能指数）に相関するという意見もあります。ＥＱやＳＱでは「共感力」が非常に重要な意味を持ちます。この「共感力」は読書、特に小説を読むことで鍛えられるのです。

私たちは、情報や知識のほとんどを「言語」から得ています。学校の授業を、言葉も教

科書（文字）も使わずに行うことは不可能でしょう。

つまり、「言語能力」（言語を処理し、理解する能力）が高い人は、より効率的に情報や知識をインプットできるわけです。**読書によって、情報や知識が増えるだけでなく、「言語能力」自体も磨かれるので、結果として本を読むことで「頭が良くなる」ことは間違いないでしょう。**

【読書によって得られること6】

人生における変化～「運命の1冊理論」

読書はあなたの人生をも変えてくれる

あなたは今の生活、今の仕事、今の収入に満足していますか？

おそらく、ほとんどの人は満足していないと思います。

「もっと収入が欲しい」「自分にはもっとやりたいことがある」「今のような生活から脱出したい」と多くの人は思いながらも、特に目立った努力や行動もせずに、なんとなく毎日を過ごしてしまっているのではないでしょうか。

どうせ何をしても成功するはずがない、という無気力状態に陥っている。

しかし、何もしなければ、現状が変わるはずがありません。

もしあなたが今の生活、今の仕事、今の収入を変えたいと心から思うのなら、「読書」をお勧めします。

なぜならば、本にはこの世の中のほとんどの問題の解決法が書かれているからです。

将来に絶望するのではなく、もっと多面的な見方を身につけることができれば、自分の未来に無限の選択肢と可能性が広がっていることがわかります。

自分が「変わる」。自分を「変える」。自分の未来を「変えたい」と思うなら、とりあえずすべきことは読書です。

自分の頭でいくら状況を打開する方法を考えても、限界があります。しかし、「本」を読めば何千、何万人もの先人の知恵を借用できるのです。

自分1人で解決できない問題も、乗り越えられない壁も、先人の知恵を借りれば簡単に乗り越えられる。現状を変えることは、そう難しいことではないのです。

何かを「変えたい」と思ったら、まず本を読むことをお勧めします。

「樺沢さんは、なぜ精神科医になったのですか？」

「樺沢さんは、なぜ精神科医になったのですか？」よくされる質問の1つです。

私が医学部に入学した当初は、「内科医」になるつもりで、「精神科」という選択肢は微《み》塵《じん》も考えていませんでした。しかし、実際に医学を勉強し、内科や外科などで臨床実習するうちに、ある違和感を持つようになったのです。

どこの科、どこの病院でも「カンファレンス」（症例検討会）が開かれます。研修医や若手医師が患者さんの病状をプレゼンテーションして、ベテラン医師や教授がそれに質問や助言をするというものです。そのカンファレンスで発表されるのは、検査データの羅列です。血液データの数値、レントゲン写真やCT、MRI写真の結果……。

そこには、患者さんの「個性」や「人間性」は一切存在しません。患者さんの「希望」も「意志」も存在しません。医者は、ただ「病気」と「データ」に向かっているだけで、「病気に苦しんでいる人」と向き合っているようには見えませんでした。

もちろん全ての医師がそうであるはずはありませんし、大学病院だから余計にそうした傾向が強かったというのもあるのでしょう。

けれど、「私がやりたかったのは、こんな医療ではない！」と「人間不在」の医療現場に強いショックを受けたのです。

そんな矢先、精神科の臨床実習の順番が回ってきました。精神科のカウンセリングでは、30分から1時間かけて、患者さんとじっくり向き合い、徹底的に話をします。人と人の関わりが濃いのです。「精神科では、人とここまで真剣に向き合うのか」と感動しました。

しかし、もともと「内科医」になろうと思っていたので、「精神科医」になるか「内科医」になるかで揺れ動きます。当時は、所属したい医局を自分で決めて、卒業後にその医局に所属するというシステムだったのですが、どの医局に入るのかは、6年目の夏休み明けくらいまでに決めるのが通例でした。

私の人生を変えた「運命の1冊」

そして、まさに進路を決めなければいけない、医学部6年目の夏。たまたま書店に行くと、角川文庫フェアが開催されていました。文庫がズラーッと並ぶ中、気になる1冊の本を発見したのです。

夢野久作の『ドグラ・マグラ』(KADOKAWA)。

そのとき既に映画化されていて、映画版が非常におもしろかったので、「一度、原作を読みたいな」と以前から思っていた本でした。「ああ、『ドグラ・マグラ』があった!」と思い、すぐに購入して読み始めました。

九州帝国大学の精神病棟に入院している記憶喪失の主人公。その主人公が、自分は何者なのかを探るという、まさに人間の精神を主題とした物語。主人公と担当の精神科医との対話が、物語の軸となります。そこには、精神疾患の患者の心理が描かれるとともに、精神科医はどのようにカウンセリングするのかという雰囲気も生々しく描かれていました。

一方で、その物語は支離滅裂であり、読んでいて頭が混乱してきます。わけがわからなくなると同時に、想像を超える結末に驚愕します。

『ドグラ・マグラ』は、奇妙奇天烈《きてれつ》な小説です。日本三大奇書の中の1冊とされ、この本を読むと「必ず一度は精神に異常を来たす」といわれます。それは言いすぎだとしても「精神世界」の奥深さと不思議さを実感させる小説であることは間違いありません。

『ドグラ・マグラ』を読んで私は思いました。「精神医学という学問は、なんて奥深いんだ。これから自分が一生をかけて取り組んでいくテーマは、これしかない！」

手塚治虫の『ブラック・ジャック』を読んで外科医になったドクターは私の友人にもいますが、『ドグラ・マグラ』を読んで精神科医になった人には、今まで出会ったことがありません（笑）。

このタイミングで『ドグラ・マグラ』と出会わなければ、私は精神科医にならなかったかもしれません。作家にもならず、おそらく今頃、北海道の田舎の病院で内科の勤務医をしていたでしょう。

『ドグラ・マグラ』は私にとっての「運命の1冊」となりました。

「本」というのは、このように人生に大きな影響を及ぼします。運命を大きく「変える」ビッグチャンスを与えてくれるのです。

あなたにとっての「運命の1冊」を探そう

あなたにとっての「運命の1冊」は、ありますか？

私のように1冊の本が、自分の進むべき道、将来の夢や目標に大きな影響を与えることはよくあります。

人間は自分の経験、体験からしか物事を判断できません。日本人の約半数である「本を読まない人」は、乏しい自分の経験だけで物事を判断していくしかありません。それでは「井の中の蛙《かわず》」状態に陥ってしまうでしょう。

自分の経験・体験からしか判断できない人は、今、自分が走っているレールをそのまま走り続けるしかないのです。自分がいる井戸の外側の情報が全くないのに、その井戸から出ていこう、というアイデアが浮かぶはずはありません。

本には他人の経験・体験がたくさん書かれています。自分が一生かかっても体験できない、何千、何万という生き方、生き様を本から学ぶことができます。

そこに、自分にピッタリと合った自分の天職、自分の生き甲斐、ワクワクする自分の夢などを見出《みいだ》す可能性は、非常に大きいのです。

あなたも「運命の1冊」と出会うことができれば、自分の人生を大きく変えることができます。

選択肢は多いほうがいい～「二択より四択理論」

ある時、居酒屋の隣のテーブルで、就活中の大学生4人組が、互いの就職活動の状況について話していました。なかなか内定がもらえず、苦しい状況の様子。

いろいろ話した結果、A男が言いました。「やっぱり、なんだかんだ言っても、将来的に年収1000万円は欲しいよね」。それに対して、すかさずB子は言いました。「それって、商社かマスコミにでも就職しないと無理だよ」「そうだよなあ、やっぱ年収1000万円は無理か」と残念そうな表情を見せるA男。

あなたは、「年収1000万円になる方法」を何個言えますか？

A男とB子にとって、「年収1000万円になる方法」は、「商社やマスコミなどの一流企業に就職すること」しか思いつかなかったようです。けれども、「年収1000万円になる方法」は、世の中にたくさんあると思います。

起業する。副業をする。会社の中で部長や役員に昇進する。資格を取得して転職する。

資本金をコツコツためて、フランチャイズ店を経営する。ローンで不動産を購入して、家賃収入を得る。株やFXへの投資を少額からスタートする。インターネットビジネスを始める。個人輸入ビジネスをする。本を書いて印税収入を得る。お金持ちと結婚して玉の輿《こし》にのる。宝くじを当てて、当選金を運用する……。

「年収1000万円になる方法」を10個思いつく人と、1つしか思いつかない人では、将来的に「年収1000万円になる」確率が高いのはどちらでしょう?

A男やB子のように、「一流企業に就職すること」しか思いつかなければ、そこに就職できなかった時点で、「年収1000万円になる人生」をあきらめざるを得ません。

しかし、「起業して、それが成功すると年収1000万円以上稼ぐことができる」ということを知った上で「将来の起業」という可能性を考慮するのなら、就職活動も変わってくるのではないでしょうか? 「給料が高い会社」ではなく、「将来の起業に役立つ経験ができる会社」も選択肢に入ってくるし、「小さいからこそいろいろな経験が積める中小企業」という選択肢も出てくるでしょう。

人間というのは、思いつかないことを実行することはできません。可能性すら思いつかないのに、それに向けて努力することは不可能なのです。

ですから、「年収1000万円」になりたければ、「年収1000万円」になる方法をいくつも知っていなくてはいけない。選択肢は多いほうが、実現確率は間違いなく高まる。自分の人生の可能性に広がりが出るのです。

そして、「年収1000万円」になる方法が書かれた本は、書店に行けば何百冊も並んでいます。本気で「年収1000万円」になりたいのなら、そうしたさまざまな本の中から自分に合った「運命の1冊」を選択して、コツコツと勉強し、努力していけばいいのです。選択肢がなければ何をしていいかわからず、努力することすらできないのです。

本をたくさん読めば、将来の選択肢を広げることができます。自分では2つしか思いつかない選択肢も、本を読めば4つに増やすことができます。可能性の少ない未来、無限の可能性が広がる未来。あなたは、どちらを生きたいですか？

お金と成功も読書で手に入る

「お金が欲しい」「収入を増やしたい」「もっと給料の高い会社に行きたい」と願う人はたくさんいますが、ではお金を稼ぐために何か努力をしているのかというと、自信を持って答えられる人は少ないのではないでしょうか。

何もしないでお金が空から降ってくる、ということはあり得ません。でも、「お金が欲しい」と思っても、ほとんどの人は何をしていいかわからないのです。

お金というのは、その人が行う労働の価値に見合った額が支払われます。つまり、自分が今と同じ人間でいる限り、収入が飛躍的に増えることはあり得ないのです。逆に、「高い収入を得られるような人間」に成長すれば、収入は増えます。

知識、経験、ビジネススキル、コミュニケーション能力、人間力、外見、資格……。いろいろな側面があると思いますが、本を読んで努力することでこれらの能力が高まり、自分に磨きがかかる。読書による自己成長によって、自分の価値が高まることは、間違いありません。

読書量と収入は比例する

本を読むのは嫌いだとしても、読書をすれば収入が増えるとするならば、俄然《がぜん》、読書に対するモチベーションは上がりませんか?

実際に、読書量と年収は、比例するのです。読書量について多くの調査がなされていますが、ほとんどの調査で、年収の高い人は読書量も多いという結果が出ています。

例えば、2009年の日本経済新聞社産業地域研究所の月額書籍購入費の調査(全国の20~60代の男女1000人を対象)。

20~30代の年齢層を見ると、年収800万円以上の人の月額書籍購入費は、2910円。

2006年次の調査と比較して19％増になっています。

年収400万～800万円未満の人たちは、2557円で23％増。

年収400万円未満の人たちは、1914円で24％減、という数字が出ています。

年収が高いほど本の月額購入費が多く、年収が低いほど月額購入費が少ない。読書量と年収は比例するのです。そして、さらに最近になってその傾向は強まっています。

本嫌いの人がこのデータを知ると、必ず言います。

「お金に余裕があるんだから、本をたくさん買えるのは当然だろう。本をたくさん読んだから収入が増える、という因果関係は説明されていない」

読書好きの会社の社長や、読書好きの高収入の会社員に会う機会があれば、「いつから読書していますか？」と聞いてみてください。「若い頃から」「学生の頃から」あるいは、「子供の頃から」と答えるはずです。つまり、今収入が高い人は、お金がない頃や、成功する前から読書を習慣にしているのです。

読書は「習慣」です。読書習慣のない人が、お金持ちになったから急に本を読み出すということは、まずあり得ない話です。

成功している経営者の共通点とは？

私の友人の経営コンサルタント、野田宜成さん。彼は今までに9000人以上の経営者と会い、500社以上の企業にコンサルタントとして携わってきたそうです。その野田さんに、「成功している経営者の共通点は何ですか？」と尋ねたところ、興味深い答えが返ってきました。

成功している経営者のほとんどが、「読書家」である、というのです。

では、成功している経営者で、本を読まない人はいないのかというと、当然そういう人もいるそうです。しかし、本を読まない経営者で、10年、20年と継続的に結果を出す例は極めて稀《まれ》なのだそうです。つまり、本を読まない経営者は、結果を出せたとしても「一発屋」で終わる可能性が高い。連戦連勝は難しいのだと。

繰り返しになりますが、1人の人間ができる経験、試行錯誤には限界があります。1人の人間が1年でできる試行錯誤の量は、限られているのです。しかし、本には、他人の失敗の経験や試行錯誤の跡が記されています。それを参考にするだけで、明らかに間違った道には進まないで済むのです。

他人の経験を活《い》かすことで、時間の無駄を減らして、最短距離で成功への道を歩むことができるのです。

本を読まない人は「我流」です。その「我流」がたまたまうまくいくこともあるでしょうが、毎回、毎回「我流」が通じるほど、世の中は甘くありません。

私たちの「時間」には限りがあります。他人の「経験」が満載された「本」を上手に活用することで、「5年」「10年」という回り道をショートカットできるとしたら、1500円の本を100冊買ったとしても、安い買い物だと思います。

ビジネスで、そして社会的に成功したければ、そして高い収入を得たければ、「読書」するしかないと思います。


【読書によって得られること7】

成長～「自己成長加速理論」

「自己成長」と「行動の変化」が最終目的

読書の最終的な目的は何でしょう？

「仕事力のアップ」「頭が良くなること」「収入アップや社会的成功」など、読書によって得られるものをいろいろ説明してきましたが、一言でいうと「自己成長」です。

心理カウンセリングは、クライアント（来談者）の「自己成長」と「行動の変化」を目的としています。治療者が、クライアントの話をじっくり聞くと、クライアントは満足し、喜びます。しかし、クライアントの「行動」が変わらなければ、現実は変わらない。昨日と同じことをまた繰り返すだけです。

「行動」という外界に対するアクションを変えない限り、内面的な変化だけで、現実は変わりません。

この考え方は、そのまま「読書」にも当てはまります。

本を読んでも、その内容を実行しない人がほとんど。本を読んだだけで満足してしまう、という人が多いのです。「知的好奇心を満たす」というのも読書の目的の1つではありますが、それが最終ゴールになっては、100冊読んでも、現実は全く変わらないということになってしまいます。

「自己成長」が促進され、「考え方」だけではなく、実際に自分の「行動」が変化し、自分をとりまく現実が少しでも良くなるような読書をすべきなのです。

そういう読書をしていけば、読書すればするほどに確実に自己成長し、幸せになることができるはずです。

「自己成長」と「行動の変化」を引き起こす読書術とは、どのようなものなのか。それをこれから本書で説明していきますが、その大前提が「記憶に残る」ということです。

読んで1ヶ月たったら内容をほとんど忘れてしまうような読書。

1週間前に読んだ本なのに、人に内容を説明できないような読み方では、「自己成長」することは不可能です。

「読んだら忘れない読書術」を身につけて、自己成長を加速させ、あなたの現実を変えていただくのが、本書の目的です。


【読書によって得られること 8】
喜び～「読書エンタメ理論」

結局、楽しければいいじゃないか！


「なぜ樺沢さんは、そんなに読書するのですか？」と質問されることがあります。

「自己成長のため！」と答えるとカッコ良いかもしれません。

確かに、「自己成長のため」の読書が私の最終目的ではあるのですが、日々の読書で本を開くたびに「自己成長するぞ！」と意気込んで読むことは、まずありません。

私がこれほどたくさん読書する理由は、「楽しいから」です。これがまず基本です。

本を読んでいる瞬間は、楽しい！　ただそれだけ。だから、本を読んだら、また次の本を読みたくなる。結果として、楽しいから1ヶ月で30冊、知らず知らずのうちに読んでいる。そして、知らず知らずのうちに、自己成長しているのです。

「なぜ、あなたは、読書しないのですか?」と逆に質問したいくらいです。

ビジネス書を読めば、自分が飛躍するヒントが得られる。実用書を読めば、疑問や謎が瞬時に解決する。小説を読めば、異世界に旅立つこともできる。

1冊、たった1500円です。電車の中でも、カフェでも、ベッドの上でも、どこでも場所を問わずに楽しめる。1年間、毎日でも楽しめる。

時間と場所を選ばず、楽しいだけではなく自己成長にもつながり、こんなにも安価な娯楽が、他にあるでしょうか? 私は、「映画」が大好きで、映画評論家としての仕事もしていますが、映画は劇場でしか見ないので、見る「時間」と「場所」が制限されてしまいます。いつでも、どこでも楽しめる娯楽ではありません。

読書は私にとっては、「毎日の娯楽」であり、「最高の娯楽」です。

本を読むとワクワクして、楽しくてしようがない。

この「ワクワク」して「楽しい」瞬間に、記憶を強化する脳内物質ドーパミンが出ています。つまり、本を娯楽にして、楽しみながら読むだけでドーパミンが分泌されて、記憶に残るということです。

楽しむ読書でなければ自己成長は得られない

ここまで「自己成長するために本を読もう」と書いてきたのに、「楽しむために本を読もう」というのは、矛盾しているじゃないか！　と指摘する人もいるかもしれません。

しかし、本を読む動機は、「楽しいから」であって、「自己成長のため」であってはいけないのです。

「自己成長のため」「仕事に役立てるため」を読書の目的にすると、やがて苦しくなってきます。なぜならば、「自己成長する」「仕事で活かせる」（昇進する、給料が増えるなど）という結果は、本を読んで1、2ヶ月で出るものではないから。それを目的にしてしまうと、「こんなに本を読んでいるのに、ちっとも結果が出ない」と、モチベーションが低下して、いつのまにか「本を読まない人」に逆戻りしてしまうのです。

「自己成長のため」「仕事に役立てるため」が前面に出ると、イヤイヤする読書につながってしまいます。「仕事のために、今週中に読まないといけない」「資料作成のために、明日までに目を通さないといけない」「レポート提出に必要だから、どうしても読まないといけない」「夏休みの読書感想文の宿題だから、読まないといけない」。このように、「仕事のため」に読んだり、「やらされ感」の中で読書をしたりすると、絶対にドーパミンは出ません。

逆にストレスになり、せっかく読んでも記憶に残らないし、身につくこともないのです。

本を読む理由は、「楽しい」から。

ただ楽しみながら読むだけで、記憶にも残り、学びも大きく、自己成長につながる。

「自己成長」を目的にしないほうが、結果として猛烈な自己成長につながるのです。

「読書嫌い」だった私が、大の「読書好き」に変わった瞬間

本を楽しく読もう！　そうはいっても、読書嫌いな人は多いものです。実は私も、あなたと同じように読書が大嫌いでした。

今でこそ、私は月に30冊読む大の読書好きです。また、本を執筆する作家でもありますので、子供の頃から読書好きで国語の成績も良かっただろうと思う人も多いのですが、そうではありません。

小学校、中学校、高校と、私の一番苦手な教科は、「国語」でした。全教科で「国語」が一番苦手。「一体、どうやって文章を書けばいいいんだ？」「国語なんか大嫌いだ」と思ったものです。結局今考えると、小学校、中学校の頃は、ほとんど本を読まなかったので、「国語」が苦手だったというのは、実に当然のことだったのです。

そんな読書嫌いの私が、なぜ今のような読書好きになったのか？

それは、忘れもしない高校1年の夏。友人から、「滅茶苦茶おもしろい、ヒロイック・ファンタジーがあるから読んでみなよ」と、なかば強引に5冊の本を貸し付けられました。

当時の私は、映画大好き少年。本を読む暇があれば、映画でも見ていたい。だから、本などほとんど読まなかったのです。

しかし、その「ヒロイック・ファンタジー」という言葉に魅了されました。スペース・ファンタジーと呼ばれた映画「スター・ウォーズ」の大ファンであり、SF映画や特撮映画、ファンタジー映画が大好きだった私はその言葉に、強く魅了されました。

「まあ騙《だま》されたと思って読んでみるか」と思いながら第1巻を読んでいきます。状況説明と人物説明が延々と続いて、いまいち話にのれませんが、最後の10ページの展開で急におもしろくなってきました。

そして、第2巻に進むと物語が加速していきます。第3巻に進むと、読むのが止まりません。「何だ、このおもしろさは！」第1巻の世界観の説明、人物説明がここに来て伏線になっていたことが見えてきました。おもしろすぎる！　第4巻、5巻と進むにつれて、物語のスケールが爆発的に拡大し、おもしろさも炸裂《さくれつ》していくのです。

5巻目を読み終わり、私は思いました。

小説って、こんなにおもしろいんだ……。

この5冊の本とは、栗本薫の『グイン・サーガ』(早川書房)です。最初の5冊が「辺境編」というまとまったシークエンスになっており、それをまとめて貸してくれたのです。

記憶喪失の豹《ひょう》頭の仮面の戦士。敵国の追手に命を狙われ逃走する美しき双子の王子と王女。そして、お調子者の謎の傭兵《ようへい》。出自も身分もバラバラな4人が、運命の糸に導かれるように一堂に会し繰り広げられる壮大な冒険物語。

夏休みということもあり、ずっと本を読み続けていました。1週間で5冊を読了していたのです。5巻目を読み終わった私は友人に電話しました。「早く、次を貸してよ」。

『グイン・サーガ』第5巻を読み終えたその日から、私の「本」に対する印象は、180度変わりました。まずは、栗本薫の過去の小説を何冊か読み、当時流行《はや》っていた菊地秀行、夢枕獏といった日本のホラーやファンタジー小説に興味の対象を広げ、ロバート・E・ハワード、フィリップ・K・ディック、H・P・ラヴクラフトなど、海外のSF、ファンタジー、ホラー小説を読み漁《あさ》りました。

高校時代は、片道1時間、往復で2時間かけて通学していたので、通学時間を読書時間にして、たくさんの本を読みました。2日で1冊は読んでいました。スキマ時間を使った読書習慣は、この頃、身についたものです。

大の「読書嫌い」だった私が、大の「読書好き」に変わった瞬間。それは、小説『グイン・サーガ』と出会った瞬間でした。

考えてみると、私は映画少年で、スケールの大きなフィクションが大好きだったのです。しかし、「こんなにおもしろい本があるのか」という体験をしていなかったせいで、自分は「国語が苦手だ」と思い込んでしまっていたのです。

私が今作家をやっているのは、本が好きだから。本が大好きだから、自分でも本を書きたいから。その元をたどると、『グイン・サーガ』と出会った、私が「本好き」になった高校1年の夏の体験にさかのぼるのです。

結局、自分の大好きな1冊を見つける。

その「運命の1冊」との出会いによって、読書嫌いが、読書好きに変わる。

本を全く読まなかった自分が、読書が楽しくてしようがない人間へと変わった。

その瞬間に無限の可能性の扉も、同時に開かれたのでしょう。

第2章

「読んだら忘れない」
精神科医の読書術
３つの基本

精神科医の読書術「基本原則」とは？

「3つの基本」をまずおさえる

なぜ読書が必要なのか。読書によって自分の人生が変えられる、ということがおわかりいただけたと思います。

第2章からは、精神科医の私が毎日実践している読書術の具体的な方法について、お話ししていきます。

まずは、私が読書をする上で最も重要だと考える柱、読書術の基本原則ともいうべき「3つの基本」についてお話しします。

【精神科医の読書術 基本1】

10年たっても忘れない～「記憶に残る読書術」

1週間に3回アウトプットすると記憶される～「三度目の正直読書術」

読書をしても、その本の内容を忘れてしまっては意味がありません。

「記憶に残す」。すなわち自分の血となり肉となる、自己成長の肥やしになるような読書。

自分が変わり、人生が変わるような読書が必要です。

そのためには「読んだら忘れない読書」をしなくてはいけません。

では、具体的にどうすれば記憶に残るのでしょうか？

それは、「受験勉強」における英単語の暗記がヒントになります。

私たちは中学や高校のときに、よく英単語の暗記をしました。どうすれば英単語を効果的に暗記できるのでしょうか？ 暗記術の本によると、一回暗記したら、翌日に再度チェックする。さらに暗記した日から3日目にチェックする。さらに最初に暗記した日から1週間後にチェックする。この段階で覚えていると「暗記された」ということで、長期間にわたって記憶が定着した状態になるといいます。
1、3、7日目に復習する。最初にインプットされてから、「1週間で3回アウトプットすると記憶に残る」といったことが、いろいろな本に書かれています。
さまざまな脳科学研究を集約すると、最も効果的な記憶術として「**最初のインプットから、7～10日以内に3～4回アウトプットする**」ということが明らかになっています。それが受験勉強にも応用されているのです。

人間の脳には、膨大な情報が流れ込んでいます。そして、それが毎日続きます。そうした情報を全て記憶すると、人間の脳はたちまちパンクしてしまいます。ですから人間の脳は、入力された情報のほとんどを忘れるように作られています。正確にいうと「重要な情報」以外は、全て忘れるようにできているのです。

脳が「重要な情報」と判断する基準は2つです。「何度も利用される情報」と「心が動いた出来事」です。

1つ目の「何度も利用される情報」というのは、先ほどのように「1週間に3回アウトプットされる」情報を指します。

人間の脳には、膨大な情報が流れ込みますが、それらは脳の「海馬」という部分に仮保存されます。

あなたの昨日の出来事を朝から思い出してください。時間単位でかなり詳しく説明できるはずです。では、今から1ヶ月前の月曜日の出来事を朝から順番に思い出してください。予定表を見ればその日の主な出来事は思い出せるでしょうが、その日の朝、昼、夜の食事内容を言うだけでもかなり大変です。人間は、1ヶ月もすると、その体験の詳細を忘れてしまうものなのです。

海馬は、入力された情報を1~2週間だけ、仮保存します。

そして、その「仮保存」期間中に、二度、三度と引き出された情報には、これは「重要な情報である」という付箋をつけるのです。「重要」という付箋のついた情報は、「記憶の金庫」ともいうべき、側頭葉に移動されます。一度、側頭葉に入ると、「忘れづらい記憶」となって長期保存されるのです。

海馬が「短期間の記憶」を担い、側頭葉が「長期間の記憶」を担います。

本を読み、そこで得られた情報を側頭葉の「記憶の金庫」に上手に移動できれば、「読んだら10年忘れない記憶」になるのです。

4つのアウトプットで記憶に残す〜「アウトプット読書術」

本を読んで「1週間に3回アウトプットする」と記憶に残る。これが脳科学に裏付けられた記憶の法則です。

では、具体的にどんな「アウトプット」をすればいいのでしょうか？

読書に関連して私が行っているアウトプットは、以下の4つです。

①本を読みながら、メモをとる、マーカーでラインを引く。
②本の内容を人に話す。本を人に勧める。
③本の感想や気づき、名言をTwitterでシェアする。
④Twitterやブログに書評、レビューを書く。

これらの4つのアウトプットのうち、1週間以内に3つ行えば、やらないときと比べて圧倒的に記憶に残ります。

実際に、書評記事を書いて紹介した本に関しては、本を読んでから5年、10年が経過しても、本のかなり詳細な部分まで記憶しています。

それぞれの具体的な方法、効果的な方法については、第3章で説明します。

心が動くと記憶に残る～「脳内物質読書術」

私たちは日常的に起きる平凡な出来事のほとんどを忘れてしまいますが、「何度も利用される情報」と「心が動いた出来事」は忘れにくいと言いました。

「心が動いた出来事」とは、喜怒哀楽など激しい情動の変化がともなう出来事のこと。物凄《ものすご》く楽しかったはじめての海外旅行、胸が躍るはじめてのデート、何年も一緒に暮らしたペットが亡くなったときの悲しさ、交通事故にあったその瞬間。こうした激しい情動の変化がともなう出来事は、10年たっても、20年たっても忘れることはありません。

「復習」も「アウトプット」もしていないのに、情動がともなう出来事が強烈に記憶されるのはどうしてでしょう？　それは、喜怒哀楽にともなって、記憶力を増強する脳内物質が大量に分泌されるからです。

科学的なデータによって記憶力のアップが確認されている脳内物質には、アドレナリン、ノルアドレナリン、ドーパミン、エンドルフィン、オキシトシンなどがあります。

アドレナリンとノルアドレナリンは、不安、恐怖にともなって分泌される脳内物質。事故や災害、近親者やペットの死などに直面したときに分泌されます。PTSD（心的外傷後ストレス障害）という病気があります。虐待や災害など、強烈な恐怖をともなう体験が忘れられなくなり、時にフラッシュバックとしてよみがえる心の病です。その原因は恐怖体験により、アドレナリンとノルアドレナリンが大量に分泌されるため、悲惨な体験が強烈な記憶として残ってしまうからだと脳科学的に説明されています。

一方で幸福物質と呼ばれるドーパミンは、ワクワクしたときに分泌されます。遠足の前日に眠れないのは、ドーパミンが出てワクワクしすぎているからです。また、目標達成したときなどにも分泌されます。

快楽物質エンドルフィンは「サイコー」「やったー」と全身で喜びを表現したいような最高の幸福感に包まれたときに分泌されています。スポーツの大会で優勝したり、マラソンの自己記録を更新したとき、思わず「やったー」と叫んでしまう。そんな瞬間に出るのがエンドルフィンです。

恋愛物質オキシトシンは、愛情やスキンシップに関連して分泌されます。5年前に付き合った彼氏のことがいまだに忘れられないのは、オキシトシンの影響です。

これらの脳内物質を読書中に分泌させることができれば、本の内容を明確に、長期間記憶できるわけです。いうなれば、脳内物質を利用した「脳内物質読書術」です。

鈴木光司の『リング』（KADOKAWA）を読んだときには、背筋が凍りました。その本の内容も明確に記憶しています。こんなときには、「恐怖」によってノルアドレナリンが分泌されるので、内容をよく記憶しているのでしょう。

村上春樹の新刊を読むときには猛烈にワクワクし、幸せの極みといってもいい状態。こうした「最高の幸せ」を感じる瞬間は、エンドルフィンが出ています。自分の大好きな作家の本は、一回しか読んだことがなくても、10年たっても細かいところまで記憶しているはずです。

ノルアドレナリン、ドーパミン、エンドルフィンなどの記憶力を高める脳内物質を意識的に分泌させることで、本の内容を鮮烈に、そして長期間記憶してしまおう！　これが「脳内物質読書術」です。

ノルアドレナリン、ドーパミン、エンドルフィンなど、記憶力を高める脳内物質を効果的に分泌させて、読書に役立てる。その具体的な方法については、後の章で説明します。

【精神科医の読書術 基本2】

効率的に読書をする～「スキマ時間読書術」

スキマ時間だけで月30冊も読める

「私は月30冊本を読みます」と言うと、「凄いですね。よくそんなに本を読む時間がありますね」という反応をされます。「読書したいけどその時間がない」というのは、読書ができない人に最も多い「言い訳」です。

文化庁が発表した「国語に関する世論調査」(2018年度)の結果によると、読書量が減っている理由の第1位は、「仕事や勉強が忙しくて読む時間がない」で、49・4%と約半数を占めています。つまり、「時間さえあれば、読書したい」と考えている人は非常に多いのです。

私は月30冊本を読みますが、全てスキマ時間だけで読んでいます。スキマ時間といってもいろいろありますが、私の場合は「移動時間」がほとんど。「電車に乗っている時間」と「電車を待っている時間」です。

日本人の通勤時間全国平均は、往復で79分といいます。

本を読むのが速くない人の場合、1日1冊は無理だとしても、2～3日の通勤時間を合計すれば約4時間になり、本を1冊読むには十分な時間が積み上がると思います。

あなたの通勤時間、あるいは1日の移動時間の合計は何時間でしょう。

自分の家で仕事をしているような人を別にすれば、ほとんどの会社員は、通勤時間、移動時間、約束の待ち時間などのスキマ時間を合計すると、1日「2時間」近くあるはずです。1ヶ月で60時間。

そのスキマ時間の60時間を読書に使えば、読書のスピードが遅い人でも、スキマ時間だけで月10冊読むことは可能なのです。

電車でスマホをさわるのは最大の時間の無駄である

みなさんは電車の中で、何をしていますか?

スマホをさわっているという人が多いのではないでしょうか。LINEやSNSのメッセージのチェックや返信、あるいはゲームや動画視聴をしているようです。

私は電車の中でスマホを見るのは、最大の時間の無駄だと思います。なぜならば、1日何十回もメッセージをチェックする必要はないし、スマホでメッセージを返信するよりも、パソコンで返信したほうが、何倍も早いからです。スマホで15分かけて打った長文メールも、パソコンなら3分で打ち終わります。

そんな「スマホやSNSにかけている時間の無駄を極限まで減らして仕事を効率化しましょう」というコンセプトで書いたのが、『もう時間をムダにしない！ 毎日90分でメール・ネット・SNSをすべて終わらせる99のシンプルな方法』（東洋経済新報社）です。

私は電車の中でスマホを見ることは非常に少ないです。

前述した通り、私はスキマ時間のほとんど全てを「読書」に費やしており、電車の待ち時間も、ランチで食事が出てくるまでの待ち時間も、本を出して読書をします。座れる場所では、ノートパソコンを開いて仕事をします。立っている場所ではほぼ読書しているので、スマホを見る時間が全くないのです。

多くのビジネスパーソン、会社員は時間に追われています。あなたも、「忙しい」毎日を送っていると思います。「毎日、読書時間を余裕で3時間は確保できる」という人は、まずいないでしょう。

しかしながら、1日24時間のうち、スキマ時間という断片化された時間を合わせると2時間もあるのです。これは、私たちが起きて行動している時間の約10％です。つまり人生の1割は、スキマ時間だということです。

これは、いうなれば「埋蔵金」のようなものです。掘るのか、掘らないのか？

このスキマ時間を、スマホに使うのか、読書に使うのか。

ここで人生が変わります。

毎日、2時間、電車の中でスマホを使ってゲームやメッセージをしても、あなたの収入は1円も増えませんが、毎日、2時間の読書で月に10冊の本を読めば、年に120冊の本を読めます。10年で1200冊です。ここまで本を読めば、あなたの人生に革命が起きることは間違いないでしょう。

仮にスキマ時間の半分を読書に充てただけでも、月10冊の読書時間は捻出《ねんしゅつ》できるのです。

人生の1割に相当するスキマ時間を「浪費」に使うのか、「自己投資」に使うのか。この時間の使い方次第で、あなたの人生は変わります。

読書術とは、いわば時間術である

会社員、ビジネスパーソンは、忙しい。仕事をしないといけない。帰宅後も家事や家族サービスをしないといけない。「本を読む時間」を確保するのが、簡単ではない人がほとんどだと思います。

逆にいえば、「時間がないので、本を読めない！」「本を読む時間さえあれば、本を読みたい！」という人は、多いと思います。

では、本を読む時間をどのように確保するのか？

それは、「読書時間」の優先順位を、どこに置くのかという問題と同じです。

「メッセージのチェック時間」を、「読書時間」よりも上の優先順位に置いていると、電車の中では読書よりも「メッセージのチェック」をしてしまう。毎日、何時間もスマホをさわっている一方で、1ヶ月に1冊も本を読めていない、ということになるのです。

もし、あなたが今よりも多くの本を読みたいのであれば、まず「読書時間」の優先順位をじっくりと考えるべきです。「読書時間」よりも優先順位の低い時間を削って「読書時間」に振り充てればいいのです。

たくさん本を読める人は、時間管理が上手な人。

読書術は、時間術そのものといってもいいくらいです。

出かける前に今日読む本を決めると1日1冊読み切れる

「スキマ時間で本を読もう！」と思っても、ほとんどの人は、最初はそれをしっかり実行できないと思います。1ヶ月のスキマ時間で、せいぜい数冊でしょう。

私が、スキマ時間を使って1日1冊読み切ることができるのには、ちょっとしたコツがあります。

それは、その日の外出前に「今日は、帰宅までにこの本を読み終える！」と決めることです。「目標を設定する」といってもいい。今日1日で読破する本を決めて、その本をカバンの中に入れます。そして、その目標を可能な限り守るようにします。

とにかく、カバンに入れたその本を、1日で読み終えるように頑張るのです。

先述したように、目標設定をするだけで記憶強化物質であるドーパミンが分泌されますから、漫然と読むより、記憶に残ります。

「今日1日で読む！」ということは、制限時間を決めるということです。制限時間などが迫った、ハラハラした状態ではノルアドレナリンが出ます。ノルアドレナリンが出ると、こちらも記憶に残りやすくなります。

「今日1日でこの本を読む！」と目標設定をして、制限時間を決めることによって、緊迫感が出るので集中力が高まり、記憶に関係する脳内物質が分泌され、読んだ内容が記憶に残りやすくなるのです。

もし読み終えないと、明日もその本を持ち歩かなければいけません。8、9割まで読んだ本を、その残りを読むために1日中持ち歩くのは、労力の無駄。

最初から1日1冊はハードルが高いので、最初は「3日で1冊」を目標にしてください。そして、心の中で宣言してください。「この本を今日から3日で読むぞ！」と。

「3日で1冊」読めば、1ヶ月で10冊は読めます。

【精神科医の読書術　基本3】

「速読」より「深読」を意識する～「深読読書術」

本は「議論できる水準」で読め

交流会や懇親会に参加すると、「樺沢さんの新刊○○を読ませていただきました」と言って、名刺交換に来られる方がたくさんいらっしゃいます。とてもうれしいことです。

そこで、「新刊のどの辺が良かったですか？」「何章がおもしろかったですか？」など、感想を求めると、途端に無口になってしまいます。「本当に本を読んだのか？」と思ってしまいますが、一応読んではいるのに、具体的な「感想」すら言えない人が多いということです。厳しいようですが、それで本当に「本を読んだ」といえるのでしょうか？　ただ、字面を追っただけではないでしょうか。

私が考える「本を読んだ」の定義は、「内容を説明できること」、そして「内容について議論できること」です。感想や自分の意見を述べられなければ、本を読んでいる意味がないのです。

「内容について議論できる水準」というと、かなりハードルが高いように思えますが、飲み会で1冊の本についてみんなで10~20分話して、大いに盛り上がることができるのなら、それは十分「議論できる水準」といっていいでしょう。

感想や自分の意見を述べられない、ということは言い換えると「アウトプットできない」ということです。「アウトプットできない」ということは、自分の行動に影響を及ぼさない、ということ。

そんな読み方で100冊読んでも、何の成長も得られません。

ですから、「本を読む」以上は、「内容を説明できること」、そして「内容について議論できること」を前提に読まなくてはいけません。

内容を覚えていなければ、速読しても意味がない

私は、スキマ時間だけで1日1冊、月に30冊ほどの読書をしますが、そうすると「速読しているのですか?」という質問を必ずされます。私は、「速読」というのは習ったことがありません。特に速読しようという意識もありませんが、たくさん本を読んでいれば、自然に本を読むスピードは速くなっていきます。普通のビジネス書であれば1~2時間、本によっては30分かからずに読み終わります。

私は、読書は量よりも「質」だと思いますので、「速く読む」よりも「きちんと読む」

ことを重視しています。

読書において読むスピードは、あまり意味がないのです。30分で1冊読めたとしても、内容を説明できない、あるいはその本について議論できないのであれば、読んでいる意味がありません。記憶にも残らないし、自己成長もしないのなら、ただお金と時間を無駄にしたにすぎません。

「読んだつもり」になっているだけ、ただの「自己満足」のための読書になっている人が多いのです。特に、「速読しています」という人ほどその傾向にある。

最低限「内容を覚えている」「内容について議論できる」という「読書の質」を担保できなければ、どれだけ速く読んでも意味がないのです。

もちろん、「内容を覚えている」「内容について議論できる」というレベルの読み方ができるのなら、2時間より1時間、1時間より30分で1冊読めたほうがいいのは当然です。

最初に目指すべきは「読書の質」であり、「読書のスピード」ではないということです。「読書の質」を十分に上げてから、その「質」を維持しながら「より速く」を目指すべきでしょう。

「質」を保った上で、多読していけば、読書のスピードというのは自然と速くなっていくものです。

ですから、読書のスピードにとらわれるのはやめて、「内容を説明できる」「内容について議論できる」のか、そして1冊の本からどれだけの気づきを得られるのか、という読書の「質」にフォーカスして本を読むべきだと思います。

「速読」ではなく「深読」を目指せ！

「速読」の対義語として「精読」という言葉が使われます。「精読」を辞書で調べると「内容を考えて丁寧に読むこと」とあります。

しかしながら、「精読」という言葉は、「本を読む前に、速読で読むか、精読で読むかを決めよう」といったように、読むスピードを表す場合が多いようです。30分で読めば「速読」であり、5時間かけて読めば「精読」、というのが一般的な認識でしょう。

「精読」で5時間かけて本を読む。その結果として、読み終わった後、「議論できる水準」に達しているかというと、達している人もいるし、達していない人もいるはずです。

あるいは、「速読」して30分でビジネス書1冊を読める人はたくさんいると思いますが、その結果として「議論できる水準」で理解しているのかというと、そうではない人が多かったりします。

本から学びと気づきを得て、「議論できる水準」にまで内容をきちんと理解するように

「深く読む」読み方。

こうした本の深い部分までを理解する読み方に、私は、「深読《しんどく》」という新しい言葉を使うことを提案したいと思います。

本を読む以上、それが自分の血となり肉となるような読み方をしなければいけません。成長の糧にならないような浅い読み方では、意味がないのです。

速読で10冊読んでも、1冊も「深読」できていない読み方。

ゆっくりと1冊だけ読んで、その1冊を「深読」する読み方。

どちらが自己成長につながりますか？

一方で、きちんと「深読」できるのであれば、それは5時間かけて読むより、2時間で読めたほうがいいし、1時間で読めたとするならば、もっといいでしょう。

「深読」は、読書の必要条件です。「深読」できるようになってから、より速く、よりたくさん読む、「速読」「多読」を目指せばいいのです。

「深読」できない、ゆっくり読んでも議論できる水準で読めないという人が、「速読講座」に通い、読むスピードをアップしたとしても、読書が浅くなっては意味がありません。

「深読」できるようになるためには、ある程度たくさんの本を読まなくてはいけませんし、アウトプットもしなくてはいけない。インプットとアウトプットの反復によって、「深読」で読めるようになれば、そのときは既にかなりのスピードで本を読めるようになっているはずです。

第3章

「読んだら忘れない」精神科医の読書術 2つのキーワード

「記憶に残る読書術」2つのキーワードとは？

「アウトプット」と「スキマ時間」を意識せよ！

本書における最も重要なテーマは、どうすれば「記憶に残る読書」「読んだら忘れない読書」ができるか、ということです。

「記憶に残る読書術」「読んだら忘れない読書術」のキーワードは、たった2つです。**「アウトプット」と「スキマ時間」。この2つを意識するだけで、あなたも「記憶に残る読書」ができるようになります。**

この章では、「アウトプット読書術」「スキマ時間記憶強化読書術」について詳しくご説明していきます。

【アウトプット読書術 1】

深く記憶に残す～「マーカー読書術」

本は汚く読んでいい～「ダーティー読書術」

ある日、めずらしく家内が村上春樹の『ノルウェイの森』（講談社）を読みたい、というので貸してあげたことがありました。

それから数分して家内がやってきて言いました。

「何、これ！　こんな書き込みだらけじゃ、雑念が入って読めないじゃないの」

私は本を読むときは、蛍光マーカーでラインを引き、書き込みをしながら読みます。ビジネス書に限らず、小説の場合でもそうしています。小説から受けたインスピレーション、ひらめきも、書き留める。小説を読むことが目的ではなく、小説を読んだ自分が「どう感じるか」、そして「どう変われるか」が重要です。そのためには、「気づき」や「ひらめき」をドンドン書き込んでいくことが不可欠なのです。

村上春樹作品は「気づき」が多いので、どうしても書き込みが多くなります。とりわけ『ノルウェイの森』に関しては私の大好きな作品で、書き込みだらけになっていましたから、普通に読むのは難しい状態だったでしょう。

本を読む場合、ブックカバーをかけて、折り目もつけず、「キレイに読む派の人」と、書き込みをしたりマーカーを引いたり、ページの端を折ったり、付箋を貼ったりと、「汚く読む派の人」に分かれると思います。

あなたは、どちらですか？

私は、間違いなく「汚く読む派」です。

本はキレイに読むべきか、汚く読むべきか。どちらがいいのでしょう?

第1章で、本を読んで変化、成長しなければ意味がない、と述べました。本を所有するだけでうれしくなるかもしれませんが、それではただの自己満足です。本によって、自分に変化、成長がもたらされてこそ、本の価値は最大化します。

アウトプットしながらの読書と、そうでない読書では、アウトプットしながらの読書のほうが記憶に残りやすい。記憶に残ることで、自分に変化や成長が起きます。ですから、**記憶に残し成長を最大化するためには、汚く読むことが不可欠ともいえるのです。**

あなたは、英単語を暗記するときに、どのような方法でやっていましたか?

重要な単語に、蛍光マーカーでラインを引く。その単語についての付加的な知識や使い方を余白に書き加える。紙に、単語を10回、20回と繰り返し書いてみる。単語を何度も、発音してみる……。

このように、英単語を暗記する場合は、「読む」だけではなく、「書く」「声に出す」というように運動神経を動員して、脳全体を活性化させて記憶していたはずです。

高校時代の教科書や参考書にラインも引かず、書き込みもせず、「買ったばかりのキレイな状態」を保ちながら、その内容を暗記することができますか? きっとできないでしょう。

郵 便 は が き

料金受取人払郵便

新宿北局承認

9134

差出有効期間
2025年 3 月
31日まで
切手を貼らずに
お出しください。

169-8790

174

東京都新宿区
北新宿2-21-1
新宿フロントタワー29F

サンマーク出版愛読者係行

ご 住 所	〒　　　　　都道府県	
フリガナ		☎
お 名 前		(　　　)
電子メールアドレス		

ご記入されたご住所、お名前、メールアドレスなどは企画の参考、企画用アンケートの依頼、および商品情報の案内の目的にのみ使用するもので、他の目的では使用いたしません。
尚、下記をご希望の方には無料で郵送いたしますので、□欄に✓印を記入し投函して下さい。
□サンマーク出版発行図書目録

1 お買い求めいただいた本の名。

2 本書をお読みになった感想。

3 お買い求めになった書店名。

市・区・郡　　　　町・村　　　　書店

4 本書をお買い求めになった動機は?

・書店で見て　　　・人にすすめられて
・新聞広告を見て(朝日・読売・毎日・日経・その他＝　　　)
・雑誌広告を見て(掲載誌＝　　　)
・その他(　　　)

ご購読ありがとうございます。今後の出版物の参考とさせていただきますので、上記のアンケートにお答えください。**抽選で毎月10名の方に図書カード（1000円分）をお送りします。** なお、ご記入いただいた個人情報以外のデータは編集資料の他、広告に使用させていただく場合がございます。

5 下記、ご記入お願いします。

ご職業	1 会社員(業種　　　) 3 公務員(職種　　　) 5 主婦		2 自営業(業種　　　) 4 学生(中・高・高専・大・専門・院) 6 その他(　　　)
性別	男・女	年齢	歳

ホームページ　http://www.sunmark.co.jp　　ご協力ありがとうございました。

ですから、記憶に残すためには、受験勉強のときと同じように、本にラインを引いたり書き込みをしたりするほうが、圧倒的に有利なのです。

「アウトプット読書術」に不可欠なたった2つのツールとは？

本を読むときに必要なツールは、2つだけ。それは、蛍光マーカーとボールペンです。

本を読みながら気に入った一節や「気づき」の一節にラインを引きます。そして、実際に自分の「気づき」や「疑問点」などを、ボールペンで本の余白にドンドン書き込んでいきます。

付箋も常に持ち歩いているので、必要に応じて付箋を貼ることもあります。

本が高校生の参考書なみにマーカーと書き込みで埋め尽くされれば、それは気づきの多い本だったといえるでしょう。逆に1冊の本で数箇所しかラインが引かれない本は、内容の薄い本です。

ぎゅうぎゅう詰めの満員電車の中では、マーカーとボールペンの二刀流読書はさすがに厳しいので、とりあえずラインを引きたい一節があれば、ページの上端に折り目を入れておいて、後からラインを入れたり書き込みをしたりすることもあります。

なぜ、「マーカー読書術」は記憶に残りやすいのか？

「読んだら忘れない読書術」の基本は、「1週間に3回アウトプットする」ということでした。その最初のステップが、本を読みながらマーカーでラインを引くことです。

本を読みながら、つまりインプットしながら、最初のアウトプットを同時にしていくわけです。

「マーカーでラインを引く、そんな簡単なことでアウトプットになるのか」と疑問に思う人も多いでしょうが、脳科学的には、ラインを引くことは間違いなく脳を活性化します。なぜならば、脳の中で「字を読む作業」と、「手にペンを持って線を引く作業」は全く別の領域で行われているからです。さらに「文字を書き込む」のは、また脳の別の部分で行われます。

「マーカーでラインを引く」「書き込みをする」ことで、脳の複数の領域を使うことになり、より脳が活性化し、記憶に残りやすくなるのです。

「脳トレ」で有名な東北大学の川島隆太教授は、「音読」が脳の活性化に有効で、認知症の予防にも効果があると言っています。人間の脳というのは、「読む」「考える」「書く」「話す」ということを、全て脳の別々の部分で行っています。人間は、本を読んで、それについて考えて、意見を述べるということを一瞬の間でこなせますが、全て脳の別々の部分が、お互いに連携し共同作業を行っているのです。そして、この共同作業を行えば行うほど、脳は活性化します。

ですから、マーカーでラインを引きながらそれを声に出して読むと、さらに脳は活性化され、記憶に残りやすくなるということです。電車の中では音読しづらいので、手を動かすしかありません。

ラインや書き込みで汚く本を読む。それによって、脳の「読む」部分に加えて、「考える」部分と、線を引くことで「運動野」も活性化される。さらに、文字を書くことで脳の「書字」に関連した部分も活性化される。

マーカーでラインを引いたり、メモをしたりしながら本を読むだけで、脳は何倍も活性化され、それだけ本の内容が記憶に残りやすくなるのです。

本当に重要だと思うところを見つける～「3行読書術」

マーカーでラインを引きながら読書をすると記憶に残りやすい。

では、どこに、どんなふうにラインを引くべきなのでしょう?

私は、「気づき」が得られた部分に、ラインを引きます。

「気づき」というのは、「ああそういうことか」という、自分にとっての新しい発見です。

「学び」と言い換えてもいい。

重要なことでも、自分が既に知っていること、自分にとって「当たり前」のことは、わざわざラインを引きません。

マーカーでラインを引く目的は、「自己成長」です。

「自己成長につながる気づき」や「自己成長に役立ちそうな言葉」があれば、ドンドン、ラインを引いていきます。

とはいっても、1冊の本で、何十箇所もラインを引く必要はありません。あまりに多すぎると、どこが本当に重要なのかがわからなくなってしまいます。重要度が分散し、薄くなってしまうのです。

私は1冊の本で、本当に重要だと思えるところを3ヶ所見つけ、そこにラインを引きます。1行ずつ、3ヶ所のイメージです。

1冊の本から、3行ラインを引ければ、「1500円の書籍の元がとれた」といえるでしょう。

【アウトプット読書術 2】

複数の切り口で人に勧める～「テレビショッピング読書術」

最も簡単なのは「話す」「勧める」

最も簡単なアウトプットは、「話す」ということだと思います。

実際に、「おもしろい本を読んだよ」「昨日、読んだ本がおもしろかった」と、読んだ本の話を日常会話ですることはよくあると思います。

読んだ本について話す。これを意識的に行うだけで、本の内容を思い出すことができ、アウトプットによる復習効果が得られます。

友人や同僚との雑談で、あるいは、ビジネスの本であれば、部下に紹介したり勧めたりするのもいいでしょう。あるいは、人前で話す立場の人であれば、朝礼やスピーチ、プレゼンテーションや講演の中で本を紹介するというのもいいでしょう。

重要なのは、「おもしろい」「ためになった」を連呼してもだめで、具体的にどこがためになったのか、本の内容を要約しながら、相手に伝えるということです。

自分が「気づき」を得た部分、マーカーでラインを引いた部分などを紹介して伝えると、「気づき」を共感することになり、相手は本を読まなくてもそれだけでためになるのです。

人に本を勧めるには、本の内容を思い出し、さらにそれを頭の中で整理しないといけませんから、アウトプット効果は非常に高いのです。

物を人に勧めるということで思い出されるのが、「ジャパネットたかた」のテレビショッピングです。この番組を見ると、セールストークの勉強になりますが、重要なのは複数の切り口で商品を「お勧め」している点です。

例えば、自動掃除機を勧める際には「吸引力が強い」「部屋の隅のゴミもとれる」「駆動時間が長い」「電気代が格安」「人工知能搭載」といったように、5個以上の異なる切り口でお勧めしてくれるので、非常に説得力が出てきますし、思わず買いたくなってしまいます。

人に本を勧める場合は、「ジャパネットたかた」式に「複数の切り口」で紹介するように意識してみましょう。

例えば、自分の著書で恐縮ですが、私の『学びを結果に変えるアウトプット大全』(サンクチュアリ出版)を人に紹介する場合。「〝アウトプット〟という言葉と習慣を日本中に広めた本」「80ものアウトプット術が1冊で学べる」「2ページに1個以上の豊富な図解で、読書が苦手な人も図を見るだけで要点を理解できる」「脳科学的な根拠、エビデンスが豊富で説得力がある」「左開き、横書きという新しいビジネス書のスタイルを世の中に広げた革命的な本」など、いくつもの切り口があると思います。

複数の切り口で人に紹介するためには、複数の視点で本を読むことが必要です。それによって、本を深く読み込んでいく能力も養われるのです。

本を読んだら人に紹介する。1人だけではなく、複数に、それも二度、三度紹介する。それだけで、「1週間に3回のアウトプット」を達成することもできます。

また、良い本を人に紹介すると喜ばれます。人から喜ばれながら、本の内容を記憶し自分のものにしていくという一石二鳥のメリットが得られるのです。

【アウトプット読書術 3】

気づきを人と共有する～「ソーシャル読書術」

本を読んだら感想を「シェアする」

私は本を読んだら、その日かその翌日に、SNSに感想をアップするように心がけています。10行を超えるような長文の感想を投稿する場合もありますが、数行の感想でもいいと思います。

たったそれだけのことですが、それをやるだけで、本の内容が、やらない場合に比べて何倍も記憶に残りやすくなるのです。たった数行の感想を書くだけでも、本の内容を思い出す作業が頭の中で行われるわけですから。

つまり、「記憶の復習」が行われ、「3回のアウトプット」のうち、1回がここで完了することになります。

SNS上に感想を書く。それは、あなたの体験を共有する、つまり「シェアする」ということです。自分しか読まない手帳やノートに書くのと、第三者に見られることを前提とした「シェア」には、大きな違いがあります。

第三者に見られる「シェア」では、適当なことは書けない。それなりに緊張感がともないますので、本の内容を思い出す作業を自分なりに必死に、そして真剣に行っているはずです。

さらに、SNSに投稿すると、それに対するコメントがつきます。「おもしろそうな本ですね」「良い本を教えてくれてありがとうございます」「早速、私も購入しました」……。自分の感想、自分のお勧めコメントが、第三者の行動に影響を及ぼし、さらに感謝までされる。これは、とても楽しいことです。

「本当に良い本を紹介してくださってありがとうございます」というコメントがつけば、誰でも楽しい気分になるはずです。

人間は、楽しいことは続けられます。苦しいことはやめたくなります。SNSに本の感

想を書くというのは、とても「楽しい」ことなのです。

楽しいので、「また本を読んで、感想を書こう！」と思う。

読書のモチベーションも上がり、楽しみながら、いつのまにか読書力がついて、たくさんの本が読めるようになるのです。

SNSに名言を投稿して、自分のコメントを加える

読書量の少ない人は、「本を読んで感想を書くのは大変。自分には無理」と思うかもしれません。

最初は数行の感想でもいいのですが、それでも「大変」と感じる人は多い。大変なこと、苦しいことは習慣化できません。

その場合は、読んだ本の中から、自分の心に響いた言葉を1〜2行だけ書き写し、それに自分なりのコメントをつけて、紹介すればいいのです。

いわゆる「名言投稿」です。自分にとっての「名言」を選ぶのです。

これなら、文章力に自信がない人、読書や紹介が苦手な人でもできるはず。

この「名言投稿」というのは、Twitterとの相性が非常に良く、物凄《ものすご》い数の「いいね」がつきます。15分で書いた「本の感想」よりも、3分で書いた「名言投稿」のほうが、何

倍もの「いいね」がつくこともあります。

自分が投稿した「名言」は、ニュースフィードに流れ、タイムラインにも表示されるわけですから、自分でも二度、三度と目にすることになります。復習効果、記憶に残す効果は抜群です。

本を読んだら、ソーシャルメディアに「感想」や「名言」を投稿する。ソーシャルメディア、SNSでのアウトプットと読書を合体させた「ソーシャル読書術」。

たくさん「いいね」され、返信もつきますので、とても楽しい。是非、やってみてください。

【アウトプット読書術 4】

レベルアップしたら挑戦したい ～「レビューライティング読書術」

特にお勧めしたい本は書評を書いてみる

ソーシャルメディアに「感想」や、「名言」とそれについてのコメントを投稿する。慣れてくると、それだけでは少し物足りなくなってくるはずです。

本の内容について、もう少し深く掘り下げながら紹介したい。そうなると単なる「感想」ではなく、「書評」「レビュー」ということになってきます。

この書評やレビューを書く水準にレベルアップすると「アウトプット読書術」も極まったといっていいでしょう。

私は書評家ではないので、読んだ本全ての書評を書くわけではありませんが、自分の気に入った本、特にお勧めしたい本は、きちんと書評やレビューを書くようにしています。

【アウトプット読書術5】

1冊の本から情報を搾り尽くす～「生グレープフルーツサワー読書術」

スクイーズ能力を高めて読書を効率化する

突然ですが、私は居酒屋で、生グレープフルーツサワーをよく注文します。半分にカットされたグレープフルーツをギューッと搾《しぼ》って、サワーに入れて飲みます。

一度搾ったグレープフルーツを、もう一度力を入れて搾ってみると、さらにたくさんのジュースが搾りとれるものです。同じ1個のグレープフルーツから、できるだけたくさんのジュースを搾ったほうが得ですよね。

実は情報のインプットとは、生グレープフルーツサワーのスクイーズ（搾り）とよく似ています。1冊の本から、どれだけの情報をスクイーズすることができるのか。このスクイーズ能力をアップさせると、1冊の本からこれまでの2倍以上の知識や気づきを得られるようになります。

つまり、**スクイーズ能力を高めることで、同じ1冊の本を、同じ読書時間で読んでも、インプット量を2倍に増やすことが可能になるということです。**

速読できるようになりたい、本をたくさん読めるようになりたい、つまり読書「量」を増やしたいという人はたくさんいます。しかし、読書の「質」を高めたい、という話は、あまり聞きません。

繰り返しになりますが、読書で重要なのは、「量」ではなく「質」です。1冊の本をどれだけ速く読めるかを競っても、何の意味もありません。1冊の本から、どれだけたくさんのことを学べるのかが重要です。

本を今の2倍のスピードで読めるようになるのは簡単ではありません。特に、ある程度速く読める人にとっては。

しかし、読書におけるスクイーズ能力は現時点で鍛えていない人がほとんどですから、簡単に2倍に増やすことができます。

では、スクイーズ能力をアップさせるにはどうすればいいのか。それは、アウトプットを前提に、インプットをするということです。つまり、あなたが本を読んだら、必ずアウトプットする、と決めてください。

例えば、本を読んだら「感想」でも「書評」でも良いので、必ずソーシャルメディアに記事を書くと決めます。記事を書くためには、その本から何らかの「気づき」を得なくてはいけません。自分にとってためになる点、そして、読者にもためになるポイントを発見しないといけません。

そうした「アウトプットしないといけない」という軽いプレッシャーを自分にかけながら本を読むようにすると、不思議なことに、今まで気づかなかったことにたくさん気づけるようになってきます。そして気づきがあった場合、すかさずメモするということも大切です。

本を読んだら、そこからSNSに投稿する1コンテンツ（記事）を必ず作る。これを既にやっている人は、1冊の本から、2コンテンツ作るように練習してください。

つまり、1冊の本から、2回分の記事を書くということです。そのためには、1個の気づきでは足りないので、気づきを2個得ないといけません。

負荷を増やして筋肉量を増やしていく筋トレのように、アウトプットの負荷を増やせば、スクイーズ能力も飛躍的に高まっていきます。

レビューは、翌日以降に書く

私は本を読んだら、その日か翌日には、Facebookに簡単な感想を書きます。それをもとに、1週間以内にメルマガに詳しい書評、レビュー的なしっかりとした記事を書くようにしています。

本を読んだら、感想にとどまらず「レビュー」を書く、ということはとても大切です。なぜならば、レビューを書くことで、本の内容がしっかりと記憶として定着するから。他人に伝えることで、自分の「気づき」を整理して、その「気づき」をしっかりと自分のものにすることができます。

ただ、ここで1つ注意点があります。**感想は当日でいいのですが、しっかりとしたレビューは、本を読み終えた当日には書きません。**

なぜ、レビューを書くのは、「当日」ではなく、「翌日」以降なのか？

私はよく映画を見るのですが、映画についても、できるだけレビューや記事を書く努力をしています。しかし、当日にはアップしません。映画を見終わった当日に感想をアップすると、まだ興奮さめやらずエキサイトした状態なので、「おもしろかった!」「感動した!」「泣けた!」など、「感情言語」しか出てこないからです。小学生の感想文のようになってしまい、そこに客観性、冷静な観察というものは存在しません。

このように、気分がホットなときに、ホットな感情をそのまま伝える、つまり、「今」を伝え、共有するというソーシャルメディアの使い方もあります。

しかし、映画を見たり、本を読んだりした直後に感想を書いてシェアしようとすると「感情」に引っ張られ、客観性のある文章が書けず、あまり人の役に立つ記事にならないのです。

それが不思議なことに、一晩寝てから文章を書くと、クールで論理的な文章に変わります。「レビュー」とは、自分のためのものでもありますが、「他の人に読んでもらう」ことを前提に書くわけですから、「客観性」や「論理性」が必要になります。

「今」の感動を伝えるという「感想」レベルの文章であれば当日でもありですが、他の人にも役立つ客観性の高いレビューを書くのなら、感情を整理するために、1、2日おいたほうがいいのです。

また、「記憶の法則」から考えても、当日よりも何日かおいたほうが、高い「復習」効果が得られますから、記憶に残りやすくなるのです。

「スキマ時間」に読書すると、なぜ記憶に残るのか？

「アウトプット」+「スキマ時間」でさらに効果的な読書をする

「読んだら忘れない読書術」で最も重要なのはこれまでお話ししてきた「アウトプット」ですが、さらに「スキマ時間」を使った読書が、実は「記憶に残す」ために重要な意味を持っています。

まとめて読書するよりも、スキマ時間に読書したほうが「記憶」において有利な点が多いのです。

その根拠について説明していきます。

【スキマ時間記憶強化読書術 1】

制限時間があると記憶力が高まる〜「ウルトラマン読書術」

制限時間があると集中力がアップする

ウルトラマンは、地球では3分しか戦えません。エネルギーが少なくなると、胸のカラータイマーが点滅し、警告音を発します。しかし、3分という活動の制限時間があることこそが、ウルトラマンの強さの秘密でもあるのです。

なぜなら、**何か物事を行う場合、制限時間を決めると集中力がアップし、脳が高いパフォーマンスを発揮する**からです。

例えば、電車に乗って「乗り換えまでの15分で、1章を読み終えよう！」と、時間制限つきの目標を決めます。そうすることで、漫然と読むよりも高い集中力を発揮できます。

さらに、頑張ればギリギリ達成できる、ほど良い難易度の課題に取り組むと、よりドーパミンが分泌され、より集中力が高まるとともに、記憶力も高まるのです。

電車に乗れば、必然的に下車時間も決まります。電車内で読書をすると、自然と制限時間が定められた「ウルトラマン読書術」をすることになり、集中力と記憶力が高まる効率的な読書が可能になります。

【スキマ時間記憶強化読書術2】

効率良く「頑張り」を活かす〜「5分・5分読書術」

60分連続した読書と15分の細切れ読書、どちらが効率的か？

60分まとめて読書をするのと、15分のスキマ時間4回で読書をするのとでは、どちらが効率的な読書ができるでしょうか?

　何かの作業を行う場合、その集中力は、初めと終わりで特に強くなることが知られています。心理学では、この現象はそれぞれ「初頭努力」「終末努力」と呼ばれます。わかりやすくいえば、始まったときの「さあやるぞ」という「最初の頑張り」と、ゴールが見えたときの「もうひとふんばり」という「最後の頑張り」です。

　単語が書かれたカードを連続して提示して記憶してもらう心理実験があります。しばらくして、どれだけ記憶しているかを再生してもらうと、最初と最後のほうに提示されたカードについての正答率は高く、中間のカードについての正答率は低くなるという結果が出ました。最初と最後は、集中力だけではなく、記憶力も高まるということです。

　15分で本を読むと、「初頭努力」で5分、「終末努力」で5分、合計10分の「記憶力の高い状態での読書」が可能になります。これを4回繰り返すと、60分中40分までもが「記憶力の高い状態での読書時間」になるのです。

　一方で60分連続で読書をすると、「初頭努力」で5分、「終末努力」で5分の合計10分しか「記憶力の高い時間帯」がありません。

　もちろん、邪魔が入らないような集中しやすい環境で読書すれば、60分の連続読書でも高い集中力を維持、発揮することも可能ですが、**「15分程度のスキマ時間読書」の繰り返**

しても、連続読書以上の効果が得られるというわけです。

【スキマ時間記憶強化読書術　3】

「15分」を最大限活用する～「15‐45‐90の法則読書術」

人間が集中できる時間単位とは？

人間の集中力には限界があります。何時間も連続して集中し続けることは、訓練されたアスリートや将棋の棋士であっても、できるものではありません。

反対に、誰にでも集中しやすい時間単位というものが存在します。

それは、「15分」「45分」「90分」です。私は、これをまとめて「15‐45‐90の法則」と呼んでいます。

高い集中力が維持できる限界が15分。

普通の集中力が維持できる限界が45分。

「45分」の間、少し休憩をはさめば、90分の集中も可能です。

小学校の授業は45分。テレビドラマもだいたい45分。

大学の講義は90分。2時間ドラマというのも、CMを抜くと実質90分です。

サッカーは45分ハーフの90分で試合が行われます。90分を超えたアディショナルタイムでミスが多発して得点が入りやすくなるのは、90分という人間の集中力の限界を超えているからです。

人間の体には「ウルトラディアンリズム」という、約90分周期で眠気と覚醒が交互に訪れるリズムが刻まれています。睡眠のサイクルが90分であるというのも、同じ理由です。

「45分」と「90分」に関する興味深い話はまだまだありますが、「スキマ時間読書術」において重要な時間の単位は「15分」です。

集中力を最大に発揮できる「15分」を上手に活用する

極めて高い集中力が維持できる時間、その最小単位が「15分」。人間が、非常に高度な集中力を維持できる限界が「15分」ということです。

例えば、非常に高い集中力を要する同時通訳者。この同時通訳の世界でも、「集中力の持続は15分が限界」といわれています。

テレビの生中継など、同時通訳で放送される場合がありますが、番組の途中なのに通訳者が男性から女性に変わって「あれっ?」と思うことがあります。集中力持続時間の関係から、途中で通訳者が変わらざるを得ないのです。

結論を言いますと、**15分という時間は、脳科学的に見ても「極めて集中した仕事ができる時間のブロック」である、**ということなのです。

例えば、スキマ時間5分で本が10ページ読めるとします。その5分のスキマ時間が3回あれば、30ページが読めます。しかし、連続した「15分」があれば、30ページではなく40ページは読めるのです。

1日の中に「15分を超えるスキマ時間」というのは、数えてみるとだいたい8ブロックほどは存在するはずです。この15分で「読書」をするのか、スマホで「メッセージ」をするのかで、人生が変わってしまいます。

どうしても「メッセージ」をしたいのであれば、5分以下のスーパースキマ時間で行うと良いでしょう。例えば、電車を待っている時間。ここで本を読み始めても、集中し始めた頃にちょうど電車が来て、集中力がリセットされてしまう。読書をするには少し中途半端な時間です。

つまり、電車を待っている間に「メッセージ」をして、電車に乗ったら15分刻みで「読書」をする。

これが、集中力を意識した、脳科学的に正しい時間活用術といえるのです。

【スキマ時間記憶強化読書術 4】

睡眠の力を借りて脳に焼きつける～「熟睡読書術」

寝る前の読書は、記憶に残る！

スキマ時間以外に読書をするとすれば、お勧めの時間帯は「寝る前」です。なぜならば、寝る前に読書することで、「記憶」を最大化し、さらに睡眠にも入りやすくなるからです。

寝る前に勉強すると、勉強したことが頭に残りやすいといわれます。寝ている間には新しいインプットがなされないので、「記憶の衝突」が起こらず、頭の中の整理が進むからです。

受験生向けの記憶術について書かれた記事などを読むと、「難しい暗記ほど、寝る前が効果的」と書かれています。寝る前にした読書は昼間の読書に比べて、記憶に残りやすいといえるのです。

さらにイギリスサセックス大学の研究によると、読書を始めてわずか6分で、被験者たちの心拍は落ち着き筋緊張もほぐれたといいます。音楽鑑賞やその他のリラックス法と比べても、読書で最も高いリラックス効果が得られると報告されています。

睡眠前の読書は、心と体をリラックスさせて、睡眠に入りやすくしてくれるのです。

ただし、電子書籍端末やタブレットなど発光する画面を見る読書法は、不眠の原因になります。それらは睡眠に入るまでの時間を遅らせ、睡眠の質を低下させること（レム睡眠の減少）が報告されています。

また、ハラハラ、ドキドキするエキサイティングな娯楽小説や背筋が凍りつくホラー小説など、喜怒哀楽を過度に刺激する本は、やはり睡眠を妨げるのでお勧めできません。

もう1つ、寝る前に考え事をすると、朝になると解決法がひらめく、ということがいわれています。

睡眠には「頭の中を整理する」という役割があります。ですから、睡眠中に頭の中に乱雑に存在していた情報が整理されて、朝、目が覚めた瞬間に、問題解決法がぽんと浮かんでいるということがあるのです。

「次に目が覚めたときには、問題の解決方法を思いついている」と強く念じて眠りにつくと朝にひらめきが起きやすいそうです。これは「追想法」と呼ばれ、ノーベル物理学賞の湯川秀樹博士や発明王のトーマス・エジソンなども、この方法を活用していたといわれています。

私も、執筆する本の目次や構成が決まらない場合は、寝る前に「アイデアノート」や関連書籍などをパラパラとめくって、脳にインプットしてから寝るようにしています。

そうすると不思議なことに、朝、目が覚めた瞬間に、神が舞い降りたように「理想的な本の構成」が頭の中にできあがっているのです。後は、忘れないうちに、すぐにそれを書き留めるだけです。毎回、本を書くたびにこの「追想法」に助けられていて、実はこの本の構成を決めるときも、追想法を利用したほどです。

読書ということに限りませんが、寝る前に情報のインプットをしたり、懸案事項についての書類や資料などに目を通しておいたりすると、朝起きたときに意外な着想を得ることができるのです。

スキマ時間以外に読書やインプットの時間を確保するとすれば、「寝る前の時間」というのは候補として覚えておいて損はないでしょう。

第4章

「読んだら忘れない」精神科医の読書術 超実践編

実際に、どうやって読んでいくのか？

記憶に残る読書術の「HOW TO」

ここまで、「読んだら忘れない読書術」3つの原則と、2つのキーワードをお伝えしてきました。

いよいよこの章からは、記憶に残り、さらに自分にとって役に立つ本当の読書をするための「HOW TO」について紹介します。

読み進めていくうちに、早く読書をしたい気持ちになっていくでしょう。

【精神科医の読書術超実践編 1】

目的地を把握する～「パラパラ読書術」

まず、全体を把握してゴールと読み方を決める

新しい本を手にしたら、最初に何をするべきなのか？

本を読むスピードが遅い人は、「はじめに」「まえがき」の最初の1文字から順に読み始めるという場合が多いでしょう。

一方で、本を読むのが速い人は、全体をパラパラと見通して、まず全体を把握してから読み始めるという人が多いはずです。

なぜ、最初にパラパラ読みをするのか？ そこには、3つの目的があります。

①全体を把握する
②本を読む目的を設定する
③「速読」か「精読」かを決める

つまり、**本を読み始める前に、ゴール（目的地）と行く方法（読み方）を決めるというわけです。**

例えばあなたが、新宿から横浜・中華街まで電車を使って行こうとする場合、どうしますか？

多くの人はネットで「乗換検索」をして、最短の行き方の目星をつけてから出かけるはずです。少なくとも、改札口に着くまでには、行き方を決めているでしょう。

JRの改札を通ってから、おもむろに「乗換検索」をして、「なんだ、JRより地下鉄のほうが早かったじゃないか」と気づいて後悔する人は、少ないと思います。

目的地に行く場合、行き方を決めてから行動する人がほとんどなのに、読書の場合はなぜか、行き当たりばったり。改札口を通過してから、あるいは電車に乗ってしまってから、行き方を考えたり、行き方を変更したりするのです。

自分の目的地がわかっている場合は、そこへの行き方と最短コースを事前に調べてから出発したほうが、早く目的地に到達することができます。

読書の場合も同じです。

まず、本を本格的に読み始める前に、目次に目を通し、全体をパラパラと見通して、全体を把握します。

次に、その本を読む目的を決めます。その本から何を学びたいか、その本から何を知りたいかを定めるということです。

3番目に、「速読」で読むか、「精読」で読むかを決めます。

本の内容の濃さ、密度、引用文献の多さ、翻訳かどうか、などを分析すると、その本を「速読」で読めるのか、あるいは一字一句「精読」でしっかりと読まないといけないのかを見極めることができます。

その本を何日で読むかも決めて、目標設定をします。

今日1日で読み切るのか、2日、または3日で読むのか。

こうして、**本を開いたらパラパラと全体を見通して、「目的地」と「行き方」を最初に決めてしまうのが、「パラパラ読書術」です。**

このパラパラ読みをすることで、本を読む速さもアップし、その本からの学習効果も高まるという、一石二鳥の効果が得られるのです。

【精神科医の読書術超実践編 2】

知りたい部分を先に読んでしまう～「ワープ読書術」

本は最初から一字一句読む必要はない

本は最初から一字一句読まなければいけない。

本を読むのが遅い人は、たいていそうした先入観に支配されています。

しかし、「本は最初から一字一句読まなければいけない」なんてルール、誰が決めたのでしょう。

本は、「学び」や「気づき」を得るために読むものです。ですから、「学び」や「気づき」を得るために最適な読み方をすれば良いのです。

実用書と呼ばれる本の多くは、最初から一字一句読む必要はありません。なぜならば、それらは何かの方法やノウハウについて書かれた本ですから、最も重要なのは「方法」の部分なのです。しかし、実際の書籍には「根拠」「裏付け」「実例」なども、ページ数の多くを占めています。

そこで、「方法」の部分に最速でたどりつくコツをお伝えします。

まず、「この本で一番知りたいことは何か」を考えます。

そして、その知りたい部分を先に読んでしまう。まず本を開いたら、目次を見て、一番知りたいことが書かれている部分が何章にあるのか目星をつけて、その「結論」が書かれていそうなところに、いきなりワープします。

そのページを読んでさらに知りたいと感じたところ、深掘りしたいところ、疑問に感じたところがあれば、再度目次などで目星をつけて、そのページにワープして読んでいきます。

このように何回かワープを繰り返していくと、その本で一番知りたい部分の要旨がわかります。

ここまで5分かかりません。先述したように、最初の5分は記憶に残りやすいので、「5分・5分読書術」によって、本の最も重要な部分が忘れにくくなるのです。

まず、ワクワクするような自分の知的好奇心を先に満たす。ドーパミンの分泌を促すので、やはり記憶に残りやすくなります。

だいたいのアウトラインをつかんだところで、はじめて最初のページに戻り、そこから読み始めていきます。読み逃していた重要な事実がないか、見ていくわけです。

既に全体のアウトラインをつかんでいることによって論旨が見えているので、最初から一字一句読むのに比べて、圧倒的に読むスピードが速くなっています。

どこか目的地に行く場合、事前に地図で調べてだいたいどの辺か目星をつけてから行くと、迷わずに早く到着できます。

それと同じで、**最初に「目的地」をだいたい把握しておきます。そうすることで、何倍も早く目的のページに到達することができるのです。**

一般的な本を最初から順番に、例えば2時間かけて読んでいくと、自分が最も知りたい部分に到達するまでに1時間以上はかかってしまうでしょう。

1日の読書時間が少ない人や読むのが遅い人は、一番知りたいことに到着するのは、読み始めた次の日になってしまうかもしれません。それでは、本を読むモチベーションも、気づきに対する吸収力も低下してしまうのです。

もちろん、最初から一字一句読んでいかないと内容の理解にてこずる骨太な本もありますが、その場合でも、目次を見て「ここ読みたい！」「ここおもしろそう！」という知的好奇心が刺激される場合は、すぐにそのページにワープしてしまってもいいのです。
本を買ったときに、「この本から何を学びたいか」が明確になっている場合は、いきなり「目的地」にワープするような読み方、「ワープ読書術」がお勧めです。

【精神科医の読書術超実践編 3】

自分にとって少し難しいくらいがいい～「ギリギリ読書術」

ギリギリの難しさが学びを最大化する

本を読む場合、「ゆっくり、じっくり時間をかけて読む」のと「速く読む」のとでは、どちらが記憶に残り、学びの効果が大きいでしょうか？　本を読み慣れていない人は「じっくり時間をかけて読めば、学びの効果は大きい」と思っているかもしれませんが、それは間違いです。

人間の脳は、「自分の能力よりも少し難しい課題」に取り組んでいるときに、最も活性化します。それは、「自分の能力よりも少し難しい課題」に取り組んでいるときには、ドーパミンという脳内物質が出ていて、ドーパミンが分泌されると集中力がアップし、記憶力も強化されるから。つまり、記憶に残りやすく、学びの効果を最大化できる、というわけです。

課題が簡単すぎたり、難しすぎたりする場合は、ドーパミンは出ません。

例えば、テレビゲームをする場合、何の試行錯誤もなく簡単にクリアできるゲームはやっていても全くおもしろくないでしょう。一方で、難しすぎて、何度やっても全く次のステージに進めない。そんな難しすぎるゲームも楽しくありません。

二、三度失敗して、要領をつかめば何とか次のステージに進める。そんな「ギリギリの難易度」が、最も楽しいはずです。なぜならば、そういう「ギリギリの難易度」のときに、ドーパミンが分泌しやすいからです。

本を読む場合は、2つの難易度を設定することができます。「本の内容」と「本を読むスピード」です。「本の内容」の難易度は買った瞬間に決まりますが、「本を読むスピード」は自分で調整できます。

1つ目の「本の内容」の難易度については、自分のステージに合った本でありながら、自分の実力よりも少しだけ難しい本を選ぶようにすると、学びの効果が最大化します。簡単すぎても、難しすぎても、得られるものは少なくなります。

そうはいっても、タイトルや表紙にひかれて、自分の読書レベルと比べて簡単な本を買ってしまうことがあります。そういう場合は、「本を読むスピード」で調整すれば、難易度が上がります。

普通は1冊読むのに2時間かかるとするならば、1時間45分くらいで読み終えるように、いつもより速いペースで読んでみる。

私の場合は、電車の中で読む場合が多いので、「降りるまでに1章読み終えよう」というタイムプレッシャーをかけます。そうすると、漫然と読んでいるときに比べて、「ほど良い緊張感」が生まれます。

先述したようにドーパミンというのは、「目標設定する」ことで分泌されます。「降りるまでに1章読み終えよう」という目標設定によって分泌され、さらに「適切な難易度」にその目標を設定することで、よりたくさん分泌されるというわけです。

小説を読む場合は、自分にとって最も心地良いスピードで、「楽しむ」ということを第一に読むのがいいと思いますが、ビジネス書や実用書を読む場合は、適度にタイムプレッシャーをかけて、「ギリギリの難易度」に調整することで、記憶と学びを最大化できるのです。

【精神科医の読書術超実践編 4】

幸福感に包まれて記憶力も高まる～「ワクワク読書術」

ワクワクして読むと30年以上鮮明に記憶できる

仲間4人で飲んでいたあるとき、『北斗の拳』（武論尊作、原哲夫画、集英社）の話になり、物凄《ものすご》く盛り上がりました。全員が自分の好きなキャラや好きな場面などを、物凄いディテールで雄弁に語るのです。50歳を越えた大人たちが（笑）。

『北斗の拳』が流行《はや》り始めたのは私が大学生の頃ですから、約40年も前の話です。

『北斗の拳』に限らず、昔読んだ漫画の話をすると、ほとんどの人が非常に細かいところまで記憶しているものです。

ビジネス書の場合は、1年前に読んだ本の内容ですらおぼろげなのに、漫画の場合は40年前に読んだものでも、ストーリーの細部まで記憶しています。それも、数十巻分の内容を全て詳細に覚えているのです。この違いは、どこにあるのでしょう？

それは、漫画を読むときはワクワクするからです。

『北斗の拳』の場合、「週刊少年ジャンプ」の発売日には駅の売店や書店に人が殺到したものです。「次の号が読みたくてしかたがない」と、読者は発売日を指折り数えて待っていました。

待っている間も期待感でワクワク、読んでいるときはもちろんおもしろくてワクワクする。こんな「ワクワク感」に包まれているときに分泌されている脳内物質が、幸福物質のドーパミンです。

ドーパミンが分泌されると満足感、充実感、幸福感に包まれ、またその幸福感を再体験したいので同じものを欲求するようになります。漫画であれば、「次号が読みたい！」と思ってしまう。

ドーパミンは、私たちのモチベーションを高めてくれる重要な物質であり、かつドーパミンが分泌されると記憶力も高まるのです。

幸福な瞬間をより多く記憶できれば、私たちは幸せに生きることができます。幸福物質であるドーパミンが記憶を促進するというのは、人間が幸福に生きるために組まれたプログラムともいえます。

このドーパミンの記憶力増強効果を利用する。つまり、ドーパミンを分泌させながらワクワクと読書をすると、40年たっても忘れないほど、しっかりと記憶できるということなのです。

【精神科医の読書術超実践編 5】

ワクワクする本を、ワクワクしている間に一気に読む 〜「鉄は熱いうちに打て読書術」

「おもしろそう」と思ったら一気に読みなさい

私たちは書店に行って「この本おもしろそう!」と興味がわいた本を発見すると、それをレジに持って行って購入します。

その瞬間、「おもしろそう!」「どんなことが書いてあるんだろう」と、興味、関心、好奇心が高まり、ワクワク感に包まれているはずです。

このように興味、関心、好奇心が高まったときに、ドーパミンは出ています。

しかし、忙しくて本を読む時間がなかった。1週間たって、改めて読もうと思っても、あまりワクワクしない。「まあ、いいか」と結局読むことはなかった、という経験をしたことはありませんか?

1週間後には、もう興味、関心が失われている、つまりドーパミンが出ていないのです。これではせっかく興味がわいたのに、もったいないですね。

ですから、**「おもしろそう!」と思って本を買ったなら、買った直後からすぐに読み始**

めることです。そして、その日のうちか、せいぜい次の日くらいまでに、ワクワクしている間に一気に読み終えてしまう。

そうすると、ワクワク感に包まれながら、つまりドーパミンが分泌された状態で本を読み切ることができますから、強烈に記憶に残すことができます。

「とりあえず本だけ買っておいて暇ができたら読もう」という人もいますが、そういう読み方では、記憶に残らないのです。

【精神科医の読書術超実践編 6】

著者に会いに行って勉強する～「百聞は一会にしかず読書術」

著者に会いに行って、好きになる

本をたくさん読んでいくと、必ず好きな著者、お気に入りの著者ができるはずです。そんな「好きな著者」ができたなら、著者に会いに行って欲しいと思います。

例えばその著者が登壇するセミナーや講演会に参加するといいでしょう。新刊の発売直後は、多くの著者が「新刊発売記念講演会」などを開催しています。小説家は別として、ビジネス書の作家の場合、多くの方が講演活動を行っています。

有名な著者の場合は参加費が高いこともありますが、書店と提携して行われる場合などは、「本を購入すれば無料」という講演会もたくさんあります。その著者の公式ホームページをチェックすれば、そうした講演会情報は、簡単に得られます。

ではなぜ、著者に直接会いに行くといいのでしょうか? それは、直接会うことによって、その人の書いた本の内容が、スポンジに水が染み込むように、自分の中に浸透するからです。

コミュニケーションには、「言語的コミュニケーション」と「非言語的コミュニケーション」があります。表情、視線、眼差し、姿勢、雰囲気、動作などは全て非言語的コミュニケーションに含まれます。

仮に、その人と言葉を交わさずとも、その人の前にいるだけで、非言語的な多くのメッセージを受けとることができるのです。言葉にはならない、言葉を超えた理解。心と心の対話……。直接会うことで、そうした非言語的対話が可能になるのです。

本で文字として書き切れなかった非言語的メッセージを受けとることで、本の内容を何倍も深く理解できるようになります。

そして、単に理解できるだけでなく、それは何倍も記憶に残ります。実際、私もよく著者仲間の出版記念講演会に参加しますが、講演で聞いた話は、5年たっても忘れません。「百聞は一見にしかず」ということわざがありますが、本を100回読むよりも、著者に1回会ったほうが、より生き生きとした、生の情報が得られるのです。

そして**何より重要なのが、講演で話を聞くことで、すなわち著者と会うことで、実際に「著者の人となり」が理解できるということです。**

「人となり」がわかると、なぜその著者がその本を書いたのか、あるいは、どういう「思い」でその本を書いたのか、といった本を読むだけではわからないことを、直感的に理解することができるのです。

会う前と比べて、その本の内容を圧倒的に深いレベルで理解し、自分のものにすることができます。いわば著者の生の声で本の解説をされるわけですから。

そして、その著者をより「好き」になるはずです。

この「著者に会いに行って、好きになる」というのは、その後もその著者の本を読むたびに、記憶増強効果を発揮してくれるはずです。なぜならば、「好き」「楽しい」は、脳を刺激し、記憶に残りやすくするからです。

おそらく、あなたも「大好きな著者」に関しては、その著者の本を全て議論できる水準で読み込んでいるのではないでしょうか？「好きな著者」が「大好きな著者」になることで、その後もその著者の新刊を手にするたびに、よりワクワクする。よりたくさんのドーパミンが出て、より楽しく、より記憶に残るようになるのです。

著者を自分のメンターにする

好きな著者に会いに行こうというのが、「百聞は一会にしかず読書術」です。「それって、読書術じゃないじゃないか」というツッコミも入りそうですが、「読書」を「本を読む」ことだけに規定すると、学びの幅が物凄く狭くなってしまいます。

「読書」というのは、インプットの入り口であり、その著者からの学びの入り口でもあります。

1冊おもしろい本を見つけたら、その著者の他の本を読んでみて、著者の経歴や人となりを知り、その人の考え方を全て吸収し、講演やセミナーに参加して、直接会って、直接学ぶのが、最高の学び、総合的な学びだと思います。

本を読むことに端を発し、著者と会い、リアルに学ぶというのは、「学び」として連続している。ですから、本をきっかけに著者と会うこともまた、読書の楽しみであり、読書術といっていいでしょう。

好きな本をたくさん読み、講演会に参加して著者に実際に会う中で、「自分もそうなりたい」「自分もこんな人になりたい」という敬意が生まれてくる。そうなると、「好きな著者」からあなたの「メンター」になっているかもしれません。

「そうなりたい」という憧れや敬意を持ってメンターに何度も会うと、メンターの言葉や行動が自分に染み込んで、実際に自分もメンターに近づいていきます。

それは心理学でいうところの「モデリング」です。私たちは、「そうなりたいと思う人」に尊敬の念を抱きますが、それだけで、「モデリング」が、無意識のうちに発動します。

自分が尊敬する人の考え方や行動、その他全てを真似《まね》ることで、いつのまにか学んでしまう。これが「モデリング」です。赤ちゃんが、お母さんやお父さんの言葉や動作、一挙手一投足を真似るのも、「モデリング」です。

尊敬する人の本を読むだけでも「モデリング」は起こりますが、実際に「会う」ことによって、その「モデリング」の効果は、何十倍にも高まるのです。

私のメンター、栗本薫さんに会いに行った！

私を読書好きに変えた本、栗本薫さんの『グイン・サーガ』シリーズとの出会いについては、第1章でお話ししました。そのときから、栗本薫さんは私のメンターとなりました。

「自分もこんな文章を書けるようになりたい！」「自分も栗本薫さんのように、年に何冊も本を出せるようになりたい！」と。

『グイン・サーガ』には、毎回「あとがき」が書かれており、彼女の近況や赤裸々な思いが自己開示されていて、私はこれを大変楽しみにしていました。また執筆や創作の秘密なども書かれていて、作家・栗本薫の仕事のスタイルや生き様までもが自分にインストールされていったわけです。今、私が作家として本を出しているのは、栗本薫さんの影響なしでは考えられません。

「一度でいいから、栗本薫さんに直接会いたい！」とずっと思っていましたが、私は長年北海道に住んでいましたので、そのチャンスはありませんでした。2004年から3年間、アメリカシカゴに留学した私は、その後「作家になろう！」と一念発起し、2007年に帰国してから、出版のチャンスが多い東京に住むようになりました。

私がアメリカから帰国した数ヶ月後のことです。横浜で開催される世界SF大会で、栗本薫さんのトークセッションがあるという情報を得たのです。「何という絶好のチャンス、これは行くしかない！」ということで、会いに行きました。

彼女が『グイン・サーガ』の作家として公の場に出ることは滅多にありません。そのトークセッションも、これほど大規模なものははじめてとのことでした。

最前列に座り、彼女の話に耳を傾けます。

はじめてお会いした栗本薫さんは、私のイメージ通りの人でした。「あとがき」の栗本薫、そのものがそこに存在していました。「あとがき」で書かれていた語調そのままで、やさしく語りかける栗本薫さん。

『グイン・サーガ』の創作の秘密についてもたくさん聞けて、夢のような時間を過ごしました。トークセッション終了直後、2ショット写真もとらせていただき、サインもいただき、言葉を交わすこともできました。

ちょうどその頃は、私が作家活動を本格的に始めようと思い立った時期でもありました。憧れの作家と出会い、言葉を交わしたことで「栗本薫さんのような作家になりたい」という思いをさらに圧倒的に強めたのでした。

それから、わずかに数ヶ月後のこと。彼女は膵臓《すいぞう》がんとなり、闘病生活に入ったことが、『グイン・サーガ』の「あとがき」で語られました。何という、衝撃。もう、『グイン・サーガ』は読めなくなるのか……。

それから2年後に彼女は亡くなりましたが、横浜の世界SF大会が彼女が公の場に出た最後の機会となったのでした。

あなたが尊敬するメンターに会えるチャンスがあるのなら、万難を排して会いに行きま

しょう。大物になればなるほど、会えるチャンスは滅多にあるものではありません。私の栗本薫さんとの出会いのように、本当に「一生に一度のチャンス」ということもあり得ます。

「会う」ための「絶好のチャンス」を逃してはいけません。

第5章

「読んだら忘れない」精神科医の本の選択術

本の選び方がわかれば、自分に必要な本を手にできる

ビジネス書1冊、高いのか、安いのか?

「1500円のビジネス書は高い!」と言う人がいますが、あなたはどう思いますか?

もちろん、ものにもよりますが、いつも「ビジネス書、1500円は高い!」と思う人は、本の選び方が間違っている可能性が高いでしょう。

例えば、「1500円のランチは、高いのか?」これを議論しても意味がありません。

1500円という価格は、会社員が日々食べるランチという意味ではかなり高い値段ではありますが、味がおいしくて、ボリュームもあって、食べた後に圧倒的な満足感に包まれるならば、1500円は安いと感じるはずです。

1500円の商品から、1500円以上の価値を得ることができれば、「安い」と思うし、1500円以上の価値を得ることができなければ「高い」と感じるわけです。

「ビジネス書、1500円は高い!」と言う人は、つまりその1冊の本から1500円の価値を得ていないということを意味します。**1冊の本からたくさんの気づきが得られれば1500円の価値は絶対にあるはずですが、「高い」と思った本に関しては、あなたはそれを得ていないということです。**

それは、本を読み込む能力が低いからでしょうか？ それとも、間違った本を選択しているからでしょうか？

読解力の低い人や普段、本を読まない人でも、「この本は素晴らしい！」というホームラン級の1冊と出会うことはあります。

ですから、本を「高い」と思うのは本を読み込む能力の問題ではなく、本の選択の問題なのです。

自分にとって気づきが得られない「ハズレ本」を多く買っているのならば当然「ビジネス書、1500円は高い！」と思うはずです。

本章でお伝えする「本の選び方」を学べば、今の自分にとって最も必要な本を手にできるようになります。結果として、同じ1冊の本からより多くの気づきを得て、自己成長できるようになります。

きちんと実践していただければ「ビジネス書、1冊1500円は安い！」が当たり前になるはずです。

【精神科医の本の選び方１】

ホームラン級の本との出会いが圧倒的な成長を引き起こす～「ホームラン読書術」

本をただたくさん読むだけでは人生は変わらない

私は毎日、YouTubeチャンネル「精神科医・樺沢紫苑の樺チャンネル」に動画投稿をして、精神医学、心理学、生き方、ビジネスノウハウなどについて発信しています。

動画の内容によっても異なりますが、公開２日間で約１０００回再生されるものが多いようです。

以前、「失敗しない本選び　ハズレなしで『面白い本』を見つける方法」という「本の選び方」をお伝えする動画をアップしたところ、２日間で１６５回しか再生されませんでした。これは、その月、最も再生されなかった動画となりました。

YouTubeで何百本もの動画をアップしていると、視聴者の関心がある話題とない話題がわかってきます。「本の選び方」というのが、多くの人たちにとって全く関心のない話題であることが、このYouTube動画の再生回数によって証明されたのです。

一方で、「月30冊読書する方法」という動画をアップしたときは、なんと２日間で再生

2000回を突破し、その月で最も再生された動画となりました。

つまり、多くの人は、本をたくさん読むことには関心がありますが、何を読むかには関心がない、ということです。

私は、全く逆だと思います。

読書は「たくさん読む」よりも「何を読むか」のほうが、10倍重要です。

つまらない本を10冊読むことと、本当に良い本を1冊読むこと、どちらが自己成長に役立つでしょう。いうまでもなく「本当に良い1冊の本を読むこと」です。

「本当に良い1冊の本」は、それほど多くありません。私の場合、月に30冊読んで、「この本、凄《すご》い本だな」と心から思える本に1冊出会えれば非常にラッキーです。

つまり、「本当に良い1冊の本」と出会うためにはたくさんの本を読む必要があるのですが、逆にいうと「本当に良い1冊の本」と高い確率で出会うことができれば、それほど多読しなくても、しっかり自己成長につなげることができます。

ただたくさん本を読むだけでは、人生は変わりません。自分にとって「本当に良い本」と思える本を、どれだけたくさん読むかによって人生は変わるのです。

「本当に良い1冊の本」と出会うのは、野球でいうと「ホームランを打つ」のと同じことです。どんなに素晴らしい打者でも、全打席ホームランを打つことは不可能です。ホームランの数を増やすには、まずスターティングメンバーに入って、打席に入る数を増やす必要があるのです。

多くの人は「何を読むか」ということをあまり真剣に考えていません。

本をたくさん読んでいるのに成長できない人は、ホームラン本となかなか出会えていない。つまり、本選びの方法が間違っているのです。

「たくさん読む」のではなく、「どの本を読むのか?」にフォーカスし、1冊1冊を真剣に選んでいく。そうすることで、真に自己成長につながる「ホームラン本」と出会う確率を飛躍的に高めることができるのです。

本章では、あなたにとっての「本当に良い1冊の本」と出会う確率を高める方法について、私が行っている全ての方法をお伝えします。

【精神科医の本の選び方 2】

今の自分のステージに合った本を読む～「守破離読書術」

なぜか、初心者ほど上級ノウハウを知りたがる

私は、SNSやYouTubeの活用法についてのセミナーを定期的に開催しています。「S

NSの上級者向けノウハウが学べます！」と強調すると、たくさん人が集まります。しかし、そこに参加する人の7〜8割がSNS初心者なのです。

以前、「SNSの初心者向けテクニックがわかりやすく学べます！」というセミナーを開催したところ、普段の半分も人が集まりませんでした。

初心者の人に限って、基本的な使い方すら知らないのに、なぜか「上級のノウハウ」を知りたがるのです。しかし、そのノウハウが本当に必要となるのは、半年か1年先かもしれません。その頃にはもうセミナーの内容は忘れているか、もう使えないノウハウになっている可能性もあります。

情報も知識も、今の自分に必要なものを集め、吸収すべきなのです。

そうでなければ、「成長」のためのエネルギー、栄養になりません。

今の自分のステージに合った内容を学ぶ。それによって、自己成長を最大化できる。これは「読書」に限らず、全ての「学び」に通じる法則といっていいでしょう。

守破離を意識すると自分のステージが見えてくる

自分のステージに合った本を読んでください。言い換えると、「今の自分に本当に必要な本」を読もうということです。

「何を当たり前のことを」と思うかもしれませんが、本を買ってみて「基本的すぎた」「自分の知っていることしか書いてなかった」という体験は誰にでもあるはずです。

ネット書店のレビューで星1つか2つの低い評価をしている人は、たいていそんなことを書いています。でも、それは本当に本そのものが悪いということなのでしょうか？

「初心者向けに書かれた初心者にわかりやすい本」を上級者が読めば、物足りないのは当たり前のことです。

またその反対に、「難しすぎて、よくわからなかった」という体験も、誰にでもあると思います。本を読む場合、自分の知識レベルにピッタリ合った本を買わないと、簡単すぎたり、難しすぎたりして、ちっとも「気づき」や「学び」が得られないのです。

当然、レベル違いの本は、あなたの自己成長に全くつながりません。時間とお金の無駄遣いをするだけなのです。

そうならないために「守破離読書術」をお勧めします。

「守破離」という言葉を、聞いたことがある人は多いでしょう。

「守破離」とは、日本での茶道、武道、芸術などにおける、学びの姿勢を示す言葉です。

この守破離は、学問でもビジネスでも遊びでも、全てにおいて「学び」を効率良く得られる方法だと思います。

「守」は、師についてその流儀を習い、その流儀を守って励むこと。
「破」は、師の流儀を極めた後に他流を研究すること。
「離」は、自己の研究を集大成し、独自の境地を拓《ひら》いて一流を編み出すこと。
つまり、基本をそのままそっくり、徹底的に真似《まね》る「守」のステージ（初級）。他の人のやり方を研究し、さらに成長していく「破」のステージ（中級）。そして、自分流のスタイルを探求し、ブレイクスルーする「離」のステージ（上級）ということになります。

本を読むということは、「そこから何かを学ぼう」ということだと思いますが、あなたはその場合、「学び」のどのステージにいるのかを考える必要があります。

「守」なのか、「破」なのか、「離」なのか……。

そして、本も「守」「破」「離」それぞれのステージ、どれかに向かって重点的に書かれていることが多いのです。

自分がその分野で「守破離」のどのステージにいて、どこを目指すのか。そこを見極めた上で、自分が買おうとする本が「守破離」のどの部分を重点的に説明しているのかを照らし合わせれば、あなたにとって「最も必要な本」が自《お》ずと明らかになります。

本は、大まかに3種類に分類できます。

・守　基礎を学べる「基本」本
・破　他の人の方法を学べる「応用」本
・離　自分のスタイルを模索するための「ブレイクスルー」本

ほとんどの人は、なぜか「離」の本を買いたがります。

初心者なのに、いきなり達人の「奥義《おうぎ》」を学ぼうとするわけですから、理解できるはずがありません。でも、難しいことを学んだかのように錯覚するため、自己満足は得られます。多読しているのにちっとも成長しない人が陥りやすいパターンです。

1冊で基本から応用までを通しで説明している本も多いと思いますが、その場合は買う前に、著者がその本の「主な読者層」としてどんな人を想定しているのかを考え、そして見抜いてください。

「守破離」のどこに力点が置かれているのか。目次を読めば、だいたいわかります。通しで書いてある本の多くは、「初心者」から「初心者に近い中級者」を主な読者層として想定している、つまり「守」か「破」の本であることが多いはずです。

自分の今のステージに合った本を読む。それだけで、自己成長は何倍も加速します。

【精神科医の本の選び方3】

まず「入門書」から学ぶ～「入門読書術」

「入門書」でまず基本知識と全体像を把握する

トマ・ピケティの『21世紀の資本』（山形浩生、守岡桜、森本正史訳、みすず書房）が、ベストセラーとなりました。728ページもあり、6000円近くする大著。こうした骨太の本がベストセラーになるのは異例のことです。果たして買った人は、本当に読みこなせているのでしょうか？

私は、経済や経済学については「守」のステージなので、どう見ても読みこなせそうもありませんでした。そこで、『日本人のためのピケティ入門 60分でわかる『21世紀の資本』のポイント』（池田信夫著、東洋経済新報社）を読みました。

先ほども述べましたが、読書しない人ほど「入門書」よりも、「本格的な1冊」が好きな傾向にあります。「基本」をすっ飛ばして、いきなり「奥義」を知りたがる。「わかったつもり」にはなるかもしれませんが、実際に「身につくレベル」「人と議論できるレベル」で読むことは難しいと思います。

例えば、「ユング心理学」について学びたいという人は多いかもしれません。そういう人に私はどういう本をお勧めするかというと、やはり河合隼雄先生の『ユング心理学入門』（培風館）が思い浮かびます。精神科医なら一度は読んでいるユング心理学の定番の1冊です。精神科医や心理カウンセラー、あるいは心理学や人文系の本を読み慣れている人であれば、是非『ユング心理学入門』を読んでいただきたいところです。

しかし逆に、月に1冊しか読書していない人、心理学の予備知識が全くない人には、お勧めできません。心理学用語が次々と登場し、10ページも読んだところで、ギブアップするのがオチです。

「古典を読む」というのは非常に重要です。しかし、いきなり古典から読み始めても、読み通すのは至難の業です。

ですから最初は、入門書や解説書から読むことをお勧めします。

ユング心理学でいえば、『ユング心理学（図解雑学）』（福島哲夫著、ナツメ社）がお勧めです。このナツメ社の「図解雑学」シリーズは、心理学のジャンルだけで20冊以上出ていますが、非常にわかりやすいのです。見開き2ページで1項目になっていて、見やすい。右側の図説で直感的に理解でき、また左側の解説文で理論的に納得できます。普段、本を読まない人や、学生でもわかりやすく理解できるようになっています。

この「図解雑学」シリーズは、私の本棚に10冊以上並んでいます。昔、私が心理学を勉強したときに、非常に助けられました。こうしたわかりやすい入門書でだいたいの概要、アウトラインをつかんでおきます。

そこで、今度は河合隼雄先生の『ユング心理学入門』を読んでみる。すると、いきなり読んだときは意味不明で難解な1冊だったはずが、基礎知識が既にインストールされている状態で読むと、スポンジが水を吸収するように理解できます。

「守」のステージの人が、いきなり「破」や「離」のステージにあたる本格的古典に手を出すのは無理があります。

まずは「入門書」で基礎知識と全体像を把握する。基礎体力を養ってから、次のステージに進むことで、時間を節約できるとともに、より深い学びを得ることができるのです。

【精神科医の本の選び方 4】

人が推薦する本を読む～「お勧め読書術」

「なりたい人」の本、「なりたい人」が勧める本をチェックする

「たくさん本を読んでいるのですが、なかなか良い本に出会えません。どうすれば、良書だけを効率的に読めるのでしょうか？」と質問する人が多くいます。

書店に行って手当たり次第に本を買っても、「良書」と出会う確率は低いでしょう。他の人にとって「良書」であっても、自分に必要な本、自分を高めてくれる本でなければそれはあなたにとっての「良書」とはいえません。

最終的に、今、自分に必要な本を自分で選べるようになれば一番いいのですが、時間をかけてかなりたくさん読まないと、なかなかそうはならないでしょう。

ところで、あなたには「この人のようになりたい!」という人がいますか? 「心から尊敬できる人」「憧れの人」「目標にしたい人」でもいいです。

思い浮かべたら、まずその「なりたい人」が書いている本を読みましょう。それがおもしろいかどうかは別にしても、あなたが「その人のようになる」ための成長の糧になることは間違いありません。

次に、あなたの「なりたい人」が推薦している本を読みましょう。それは、その人が成長していく過程で役に立った本。その人にとっての「成長の栄養剤」となった本ですから、その人のようになりたいあなたにとっても、プラスの効果を発揮することは間違いありません。

手当たり次第に読むのではなく、人が推薦する本から読んだほうが、ハズレを引かずに「良書」と出会う確率は高まります。

1冊の本を推薦するとき、その背景には99冊の推薦されなかった本があるはずです。人が推薦した本を読むのは、濃縮されたスープの一番おいしい部分をいただくのと同じです。

バックグラウンドを知っている人の声を参考にする～「ニュースフィード読書術」

私が本を選ぶ場合、最も参考にしているのは、Twitter や Facebook のニュースフィードです。

ニュースフィードを見ると、「この本を読みました」「今この本を読んでいます」という投稿が、毎日のように流れてきます。そこにおもしろそうな本を見つけた場合、私は即購入します。

Facebook のニュースフィードには自分の「友達」の投稿が掲載されています。Facebook 上の友達は、職業、趣味、嗜好《しこう》、考え方、人生観など、自分と共通点がある人が多いはずです。そして、リアルでお付き合いしている人も多いでしょうから、その「友達」の専門や性格もわかっています。

その人の知的なバックグラウンドも知っているわけですから、「その人がお勧めする1冊であれば、読んでも損はないな」という気持ちになります。

「人の価値観」によって、お勧めする本は変わってきますので、どんな人がお勧めしているのか、その人のバックグラウンドが全くわからないと、情報の判断のしようがありません。

「どの本が勧められているのか？」よりも、「誰が勧めているのか？」が重要だということです。

その点でいえば、自分の友達や知り合いが勧める本を読むと、失敗する可能性が低く、それらはヒット本やホームラン本である可能性が高いのです。友達から直接勧められた場合はもちろん、ソーシャルメディアも本選びにおける貴重な情報源となります。

「ホームラン率」を高める〜「1万5000円読書術」

私は、読んだ本の感想や書評をFacebookやメルマガにアップするようにしていますが、「これは読んだほうがいい！」と強くお勧めできる本というのは、実はそんなに多くはありません。おそらく、自信を持って「これは読んだほうがいい！」といえるのは、月に数冊でしょう。

月に30冊読む中で、強くお勧めできる本は数冊。つまり、自分が読んだ10冊の中のベストワンを推薦しているというイメージです。

言い換えると、1冊を紹介するために、1500円の本ならば1万5000円ほどを投資しているわけです。1万5000円を投資した中でのベストワンですから、いうならば「1万5000円の価値がある」ということになります。

自分でゼロから良書を探して巡り会うためには、自分で1万5000円払わないといけません。それが、私がお勧めした本を買えば、1万5000円の投資なしで、最短でホームラン本に到達できる可能性が高いのです。

他の人が「本気でお勧めしている本」というのは、普通に書店に並んでいる本の、何倍もの価値があると考えるべきです。

ただ、私が紹介している本が全てあなたにとっての「ホームラン本」なのかというと、そうはならないはずです。本を読む目的や、本から何を学びたいのかは、人によって異なるのですから。

その場合は、単に「どの本を勧めているのか?」だけを見るのではなく、「なぜ、その本を推薦しているのか?」まで、きちんと読むべきです。あなたに必要なものがその本に書かれているのか、あなたが本を読む目的・方向性と同じなのか、ということまでも確認しておくと、「ホームラン率」は飛躍的に高まります。

本のキュレーター「書評家」の意見を参考にする

週刊誌や新聞などに載っている書評欄は本選びに役立ちますが、私が特に参考にするのは「〇〇の専門家が選ぶ今週の1冊」のようなコーナーです。その道の専門家が、最近読んだ本の中で、とっておきの1冊を紹介しています。週刊誌や新聞に書評を書くレベルの人たちですから、1ヶ月で数十冊、人によっては100冊以上の本を読んでいるかもしれません。つまり、そこで推薦される本は、「上位100分の1」の本といえるのです。

週刊誌や新聞など、何十万人、何百万人が目にするメディアで「お勧めの1冊」を公表するわけですから、下手な本は紹介できません。

本を選ぶ場合、「自分の選択眼」ということが最後には重要になってきますが、日本では年間約7万冊、1日約190冊の新刊が発売されており、ゼロから選んでいくと大変なことになります。そこで、「キュレーター」の意見を大いに参考にすべきです。

キュレーションとは、「情報を整理したり分類したり、その意味を翻訳したり、ある程度情報をわかりやすくして人に提供すること」です。そのキュレーションをする人をキュレーターといい、最近はインターネットの世界で、情報を整理して発信する人のことを指して使われることも増えています。

本についても、この「キュレーター」の意見を参考にすることが重要です。**「誰かが推薦している本」からある程度候補を絞って、最後に「自分の選択眼」で決断して選ぶほう**

が、ハズレが少なく、効率がいいのは間違いないでしょう。

そして、その「推薦者」は、あなたが尊敬できる人、信頼できる人を選びます。尊敬度、信頼度が高い人がお勧めする本ほど、「良書」である的中率は高まるはずです。

インターネット上にも、たくさんの書評サイト、書評ブログがあります。そうしたものから自分に合ったものを選んでいくといいでしょう。

ビジネス書のサマリーが無料で読めるサービス

私が参考にしている本のニュース源として、書評メルマガを1つ紹介します。『週末起業』（筑摩書房）の著者でもある藤井孝一さんの発行する「ビジネス選書&サマリー」です。

- https://www.bbook.jp/mag.html

このメルマガは1999年の創刊で、既に24年以上発行されている歴史あるメルマガです。日本を代表する書評メルマガといっていいでしょう。藤井さんとは、私がメルマガ発行を始めた2004年からのお付き合いなので、私も19年以上購読しています。

このメルマガは、正確にいうと「書評」というよりは「サマリー（要約）」がメインになっています。ビジネス書について、1500文字ほどのサマリーが読めるのです。要約をチェックすれば、本を読まなくてもだいたいの内容を把握できるので便利です。

メルマガのサマリーだけでも「気づき」が得られるようになっていますし、サマリーを読んでさらに具体的に知りたいと思えば、本を購入して深く学べばいいのです。

最近では、本の内容を要約するYouTube動画も増えています。5～10分の短い動画で、本の内容、エッセンスを知ることができるので便利です。

あるいは、話題のビジネス書が約10分で読める本の要約サイト「flier（フライヤー）」が人気です。無料版と有料版がありますが、無料版の会員数は100万人を超えています。

・https://www.flierinc.com/

動画や要約サイト、メルマガなど、本の要約サービスは、自分にとって本当に必要な本を選ぶための有力な判断材料を提供してくれます。

【精神科医の本の選び方 5】

ベストセラーやランキングに頼らない～「自分軸読書術」

「ベストセラー」ではなく「自分が読みたい本かどうか」が大事

「ベストセラーになっている本は、読んだほうがいいのでしょうか？」という質問もよくあります。ちなみに私の場合は、ベストセラーやランキング上位に入っている本は、読んでも月に数冊程度です。

例えば、2014年の大ベストセラー『嫌われる勇気 自己啓発の源流「アドラー」の教え』(岸見一郎、古賀史健著、ダイヤモンド社)。2013年12月に発売され、2014年の上半期には書店のベストセラーランキングの上位にずっと入っていましたが、私が読んだのは2014年の5月でした。そのときが、私にとって読みたいと思ったベストタイミングだったのです。

書店に行くと「今週のベストセラー」や「売れている本」の棚に目が行きます。しかし、本来本を買う基準、本を読む基準は「自分が読みたいかどうか」のはずです。他の人が読んでいるかどうかは、関係ないのです。「他の人がやっているから、自分もしないといけない」という発想自体を、根本から捨てるべきでしょう。

「他人がやっているから、自分もしないといけない」というのは、心理学では「同調圧力」といわれています。「人に合わせる」というのは「やらされ感」がともない、ストレスの原因となります。

イヤイヤ読んでもためにもならないし、記憶にも残らない。さらに、ストレスにもなるようなら、読む意味はありません。

本を選ぶ場合は、ベストセラーになっているかどうかではなく、その本を読みたいかどうか、自分自身に問うべきです。ベストセラーを本当に読みたければ買えばいいし、読みたいと思わなければ買わなければいい。ただ、それだけです。

ベストセラーは「ベストセラーになっているだけあって、凄くおもしろいな」と思うことも多い一方で、「わかりやすいけれど、内容が少し薄いな」と感じることもあります。

後者は、時流にマッチした、大衆受けした本ともいえます。普段、本を買わない人が購入しないと、大きなヒットにはなりません。つまり、ベストセラーになるためには本をあまり読まない人にとっても「わかりやすい本」でないといけない。それは、普段からたくさんの本を読んでいる読書家にとっては、わかりやすすぎて「やや物足りない」という場合がどうしてもあるのです。

ベストセラーというのは、「時流」を反映します。集団心理といってもいい。「今、何が流行《はや》っているのか？」を学び、研究することは、新商品や新製品を開発したり、私のように「本」を書いたりする人にとっては、大きな意味があります。「今を知る」という意味において、ベストセラーを読むことには、意義があるでしょう。

ただ、**ベストセラーかどうか、売れているかどうかだけに惑わされず、「自分が読みたい本」「自分に必要な本」を厳密に見極めて、それを読むべきだということです。**

【精神科医の本の選び方 6】

専門書は大型書店で探す～「専門書読書術」

専門書の扱いも豊富な大型書店とは？

「自分の仕事の専門領域で役に立つ本が見つかりません」と言う方がいます。

非常に深い内容が書かれた専門書というのは、小さな書店では、なかなか売られていません。書店に置ける本の数は売り場面積でほぼ決まってしまいます。ですから、小さな書店にはいわゆる売れ筋とはいえない専門書が置かれていないのは当然です。

また、自分に役立つ専門書をネットで探すにしても、タイトルに主だった「キーワード」が含まれていないと、検索も難しい。

そういうときには、「ジュンク堂書店」に行きましょう。専門書を探す場合、「ジュンク堂書店」の便利さは格別です。

「ジュンク堂書店」に行くと、図書館のように、ジャンル別、内容別に整理された膨大な数の本が陳列されています。自分の専門領域の棚の前に行けば、探している本やその類書数十冊がズラーッと並んでいます。その数十冊を手当たり次第に手にとっていけば、自分が探している本のイメージに近い本が、必ず見つかるはずです。

先述したように書店の売り場面積は限られていますから、「ベストセラー」「売れ筋の本」「新刊」を中心に陳列されています。多くの書店では、売れない本を長期間並べておく余裕がありません。ですから、「専門書」や「非常に深掘りした本」などは、小さな書店にはあまり置かれていないのです。

何かの領域を「狭く深く調べたい」ときは、品揃《しなぞろ》えの豊富な大型書店に行って、たくさんの本に接することです。

「ジュンク堂書店」は、「売れ筋」に限らず、古い本も含めてたくさんの種類の本を揃えています。例えば、私が3年前に出版した本でも、「ジュンク堂書店」にはしっかりと置かれています。

「狭く深い本」を探すのであれば、「ジュンク堂書店」です。もし、家の近くに「ジュンク堂書店」がない方は、その地域で一番大きい書店に行ってみてください。

【精神科医の本の選び方7】

ネット書店のレコメンド機能やレビューを参考にする～「ネット書店読書術」

レビューはあくまでも参考、鵜呑みにはしない

ネット書店で本を買う場合、実物を見ることができないため、注意が必要です。本選びで絶対失敗したくないという人は、ネット書店ではなく書店で実際に本を手にとって読んだほうがいいでしょう。

一方で**ネット書店で本を選ぶ場合、他の人がどんな本を買っているのか、どんな評価をしているのか、そうした「他者評価」を知ることができるのが大きなメリットです。**

ランキングを見れば、今の売れ筋の本がわかります。例えばアマゾンランキングは、1時間おきに更新されています。

また、ネット書店には「この商品を買った人はこんな商品も買っています」「この商品に興味がある人は、こんな商品にも興味を持っています」というお勧め機能があります。

他の人がどんな本に興味を持っていて、どんな本を買っているのか、他の人の頭の中、あるいは他の人の本棚を覗《のぞ》き見しているようで、非常に興味深いものがあります。

他の人の興味、購入履歴、そして評価がわかるのが、ネット書店で本を選ぶ場合の大きなメリットです。しかし、それは裏返すと、ネット書店で見つけた本が「本当にあなたに必要な本」なのかどうかはわからない、ということになります。1冊、1冊きちんと吟味しないと、「流行っているけど自分には必要のない本」を買ってしまう可能性も大いにあるでしょう。

また、レビューを参考にする場合は、ちょっとした注意が必要になります。例えば、星1つの最低評価をつけて、ヒステリックなレビューを書いている人も、よく読んでみると「自分に必要のない本」「自分の知識レベルに合致しない本」を買ってしまっただけということがあります。

「当たり前のことしか書いていない」「新鮮味がない」「こんなこと、誰でも知っている」という辛辣《しんらつ》な批評が寄せられている本は、裏を返せば「初心者向けの基本的な知識を、丁寧にわかりやすく解説している良質な入門書」であることはよくあります。

レビューは「参考」にはしても、そのまま「鵜呑《うの》み」にはしないことです。

「電脳ブックコンシェルジュ」を活用せよ！

アマゾンで私が最も購入の参考にしているのは、ランキングやレビューではありません。

「この商品を買った人はこんな商品も買っています」という欄に表示される本です。

いわゆるレコメンド(推薦)の欄には、今見ている本の「類書」が表示されますし、ある程度、売れ筋の順に表示されているようです。ですから、関連する本を何冊かまとめ読みする、深める読書をしたいときは、このレコメンド機能はとても便利です。

例えば「ポジティブ心理学に関して深める読書をしたい」と思った場合、「ポジティブ心理学」というキーワードでアマゾン内を検索しますが、そうすると「ポジティブ心理学」という言葉がタイトルに含まれる本が上位に表示され、内容としてはポジティブ心理学について書いてあるのにタイトルにその言葉が入っていない本は、下位に表示されます。検索結果の上から順番に購入していくと、自分にとってのハズレ本を引いてしまいかねません。それよりも、深める読書をしたいときは、レコメンドを参考にしたほうがいいのです。

私の中でのポジティブ心理学の決定版ともいえる『幸福優位7つの法則 仕事も人生も充実させるハーバード式最新成功理論』(ショーン・エイカー著、高橋由紀子訳、徳間書店)。この本のページの下部に表示されているレコメンド欄を見てみると、私のパソコンでは『成功が約束される選択の法則 必ず結果が出る今を選ぶ5つの仕組み』(ショーン・エイカー著、高橋由紀子訳、徳間書店)、『ポジティブ心理学の挑戦 〝幸福〟から〝持続的幸福〟へ』(マーティン・セリグマン著、宇野カオリ監訳、ディスカヴァー・トゥエンティワン)、『幸せがずっと続く12の行動習慣　自分で変えられる40％に集中しよう』(ソニア・リュボミアスキー著、渡辺誠監修、金井真弓訳、日本実業出版社)、『ハーバード大学人気№.1講義　HAPPIER　幸福も成功も手にするシークレット・メソッド』(タル・ベン・シャハー著、坂本貢一訳、幸福の科学出版)などの本が表示されます。

私はポジティブ心理学の本は20冊以上読みましたが、『幸福優位7つの法則』を含めた上位ベスト5が、レコメンドとして見事に一致して表示されているではないですか!

アマゾンのレコメンド機能では、アマゾンが保有する膨大な購入履歴、いわゆる「ビッグデータ」を利用し、さらにそのユーザーの購入履歴、「個人情報」もふまえて、そのユーザーにとって購入確率の高い商品を表示するプログラムが動いています。他社でも同様のプログラムが使われていますが、アマゾンのレコメンド機能の精度は、業界でも最高水準で他社には真似できないといわれています。

レコメンド機能は、自分にとって必要な本を世界最高水準の人工知能、電脳ブックコンシェルジュがお勧めしてくれているようなものだと考えることもできます。

アマゾンがレコメンドする本は、実際に自分にとって必要な本が多いので、それを本選びに上手に活用するといいでしょう。

【精神科医の本の選び方 8】

偶然の出会いを大切にする～「セレンディピティ読書術」

「セレンディピティ」を高めておく

大きな書店の中をぶらっと歩いていると、「こんな本が出ていたんだ！」と予期せぬ1冊と運命的に出会うことがあります。

私は興味のある領域については、アマゾンでもチェックしているし、かなり幅広く情報を集めているので、新刊本についても既刊本についても情報量はかなり持っているつもりです。それでも大型書店に行くと「この分野で、こんな本が出ているとは知らなかった」「この著者が、こんな本を出していたとは知らなかった」という1冊を発見することがあります。

インターネットの時代では、「検索」が重視されます。

自分の関心のあるキーワードを入れて、それに関連する情報を引き出す。

先ほどの例でいうと「ポジティブ心理学」の本を探す場合、タイトルにも、そしてネット書店の説明文にも「ポジティブ心理学」という言葉が入っていないと、内容が「ポジティブ心理学」についての話であっても、検索結果として表示されてこない、ということがあります。

検索は重要ではありますが、万能ではないのです。

「セレンディピティ」という言葉があります。セレンディピティとは、何かを探しているときに、探しているものとは別の価値あるものを見つける能力や才能のことです。ふとした偶然をきっかけにひらめきを得て、幸運をキャッチする能力です。

「本のセレンディピティ」というのも、間違いなくあると思います。

本との偶然の出会い。しかし、偶然に出会っているようで、それは実は偶然ではないのです。どの本棚の前を歩き、どこに目を光らせているのか。私たちは何もしていないようで、無意識に注意力を働かせて、「選択」しているのです。

人間の脳というのは、自分にとって必要な情報、重要な情報を積極的に集めてきます。一方で、自分が興味のない情報や知らない情報は、脳を素通りする仕組みになっています。これを心理学用語では、「選択的注意」といいます。

例えば、たくさんの人が集まるカクテルパーティーの会場。いろいろな人が雑多な話題で話しているので、その内容を聞きとることは容易ではありません。

しかし、どこかのグループの会話の中で自分の名前が出てきたとしたら、「あっ、どこかで自分の名前が呼ばれた！」と瞬間的に反応します。自分の名前に対して選択的注意を払っているため、パーティー会場のような騒がしい場所においても、その「言葉」に反応することができるわけです。

ですから、「自分の知らない素敵な本」と出会うためには、あらかじめ「注意の網」を張っておく必要があるということです。

あらかじめ自分の欲しい情報を明確にしておくこと。

自分の興味、関心、自分が欲しい情報・知識はどういうものなのか。そんな、**自分だけの「情報フィルター」をあらかじめ準備しておくだけで、今までと同じように同じ時間書店を歩いていても、ホームラン本と出会う確率は倍増するでしょう。**

また、関心の幅を広げておくことで、それだけ「素敵な本」との出会いも増えていきます。自分の関心領域に加えていろいろなことにアンテナを張っていると、さまざまなジャンルで良い本に巡り会えるでしょう。

【精神科医の本の選び方9】

直感を信じて、従う～「直感読書術」

最後は「直感」を信じる！

自分はどの本を読めばいいのか？　どの本を買えばいいのか？

最後は、「直感」だと思います。「この本は、おもしろそうだ」「この本は、自分の役に立ちそうだ」という直感を信じるしかない。たくさん本を読むことで、そうした「本を選ぶ直感」も研ぎ澄まされてきて、本の選択で失敗する確率は減っていきます。

直感は、たいていの場合正しいものです。プロのチェスプレーヤーを使った研究では、ある局面を見せて、5秒で思いついた一手と、30分熟考して決めた一手を比べたところ、86％が同じ手になったそうです。つまり、直感ですぐに判断しても、長く考えても、ほとんどの場合結果は同じということ。

もう1つ、興味深い話があります。

プロ棋士である羽生善治さんは、著書『直感力』（PHP研究所）の中で、「ひとつの局面で、『この手しかない』とひらめくときがある。一〇〇％の確信をもって最善手が分かる。論理的な思考が直感へと昇華された瞬間だ」と述べています。

羽生さんは、幼い頃から長年にわたって日常的に思考訓練を繰り返してきた結果、瞬時に最善手を導き出す直感が自然と身についたということなのでしょう。

実は、最新の脳科学で、直感を生む「基底核」という部分は、大人であっても成長を続けるということがわかってきました。

つまり、訓練によって基底核を鍛えることで、「最善の一手」が直感的に思い浮かぶようになる、訓練によって正しく判断できる直感力が養われる、ということが脳科学的に支持されたわけです。そしてそれは、今からでも遅くないのです。

直感とは、人間の膨大な知識と経験というデータベースにもとづいて、無意識下で瞬間的に行われる判断のことです。人間の行動の99・9%はいちいち思考することなく、無意識下の「直感」によって行われているのです。ですから、しっかりとした「経験値」があるのならば、直感こそがその人のベストの判断軸だということがいえるのです。

読書の場合でいえば、本をたくさん読めば読むほど、自分にとって「良い本」「役に立つ本」についてのデータベースが充実していくわけですから、直感で正しく判断できる確率が高まっていきます。

たくさん本を読む読書家の直感は正しいことが多いので、たくさん読んでいる方は自信を持って、その直感を信じて本を選びましょう。

一方、あまり本を読まない人の場合は、本に関する知識と経験のデータベースがまだ脆《ぜい》弱《じゃく》ですから、その直感はあまり正しいとはいえません。本を多く読むようになるまでは、自分の直感より、たくさん本を読んでいる人たちの推薦する本から自分が読みたい本を選んだほうが、ハズレ率は低くなると考えられます。

直感で本を選ぶためには、書店で実際に本を手にとってみたほうがいいでしょう。そして、その本を手にとった瞬間、「ワクワク」するかどうか。そこが重要です。

ワクワクするのであれば、「即買い」。難しいことを考える必要はありません。すぐレジに持って行きましょう。

「ワクワク」しながらその本を読めるのなら、脳内物質ドーパミンが分泌されるので、記憶に残り、高い学習効果が得られます。

【精神科医の本の選び方 10】

1冊の本から複数の本へドンドンたどっていく
～「数珠つなぎ読書術」

参考文献、引用元、原典をフル活用する

本の巻末に「参考文献」や「参考図書」がついていることがあります。または、本文中に逐一引用元、参考元が書かれていることもあります。残念なことに、多くの人は、この「参考文献」「参考図書」のページを注意して読まないものです。しかしながら、「参考文献」は読書家にとっては極めて重要な情報源となります。

この「参考文献」に書かれている本は、読んで損のない本が多いのです。なぜならば、その本の著者が、「参考」にした本だから。つまらない本、役に立たない本は、参考にしたり引用したりもしません。

「参考文献」というのはその本の著者が少なからぬ影響を受けた本のリストです。あるいは、その著者の「お勧め本リスト」ともいえるでしょう。

あなたがある本を読んで「もっと深く知りたい」と思った場合は、その本の「参考文献」の中から興味深い本をピックアップして読んでいけば、その分野の知識がさらに深まるのです。

章別に「参考文献」が書かれている場合もありますが、例えばあなたがある本の「第4章」に強く共感したなら、その内容と強く関連しているであろう第4章の「参考文献」をチェックして、そこから何冊か買って読んでみる。

そうすると、その本の内容の理解が圧倒的に深まります。

そして「参考文献」を取り寄せて読んだ場合は、さらにまたその本の「参考文献」をチェックして欲しいと思います。そして、その中からまた何冊か読んでいく。

このように、「参考文献」の数珠《じゅず》つなぎを数回繰り返すと、その領域で重要とされる本を網羅的に読むことができます。これが、「数珠つなぎ読書術」です。

数珠つなぎ読書術を取り入れることで、その分野に関する知識が猛烈に深まっていきます。数珠つなぎ読書術は、究極の深掘り読書術といっていいでしょう。

同じジャンルの本を何冊か立て続けに読むと、複数の本の「参考文献」に決まって名を連ねているような本があることに気づくはずです。その本は、その領域における「古典」あるいは「名著」「代表的な本」である可能性が高いので、必ず読んでおきましょう。

数珠つなぎ読書をする場合は、1ヶ月に1冊ずつ数珠つなぎで読んでいってもあまり意味がありません。数珠つなぎで読むのなら、短期間で何冊もの本を「固め読み」してください。そのほうが、圧倒的に記憶に残りやすくなります。

人間の記憶は芋づる式になっている

何かと関連づけて記憶すると、覚えやすい。

記憶術の本には必ずといっていいほど書いてあることです。人間の脳は、物事を芋づる式に記憶するからです。

例えば、1ヶ月の間に、全く異なるジャンルの本を5冊読む場合と、同じジャンルの本を5冊立て続けに読んだ場合、どちらが記憶に残るでしょうか？

「固め読み」したほうが圧倒的に記憶に残りやすくなります。

同じジャンルの5冊の本の間で相互に関係性が生まれるので、意識しなくても比較・対照しながら読むことになります。

私はある時期、ポジティブ心理学の本を2週間で10冊読みました。そうすると、「ポジティブ思考の人は健康で長生きできる」ということが、ほとんどの本に共通して書かれていることがわかりました。

一方で、ある学者は「ポジティブ」と「健康」の関連を重点的に語り、ある学者は「ポジティブ」をどう「仕事」に役立てるかについて語り、別の学者は「ポジティブ」と「生き方」の関係について語っていました。

このように複数の本を一気に固め読みすると、「あの本にはこう書かれていたが、この本には別の表現がされていた」と、さまざまな記憶の連結が起こってきます。

結果として、圧倒的に記憶に残りやすくなるのです。

学術論文はこう探す

本の巻末に掲載されている参考文献、参考図書を利用して、さらに理解を深める次の本を探しましょうというのが、数珠つなぎ読書術でした。

自分で論文を書いたり、自分で本を書いたりする場合、自分の論拠を補強するために適切な学術論文を参考、引用する必要も時には出てきます。

しかし、引用する論文をゼロから探すのは意外に苦労するものです。

そんなときに、絶大な威力を発揮するのが、「Google Scholar」です。

• https://scholar.google.co.jp/

「Google Scholar」は、ネット上にある膨大な情報の中から学術資料のみを、簡単に検索できるサービスです。分野や発行元を問わず、学術出版社、専門学会、プレプリント管理機関、大学、およびその他の学術団体の学術専門誌、論文、書籍、要約、記事を検索できます。学術研究資料の中から関連性の高い資料を探す際に「Google Scholar」が、凄い威力を発揮します。

ほとんどの学術論文は、論文本体は有料であっても、「要旨（アブストラクト）」を無料で読むことができます。さらに、出版社のサイトでは閲覧するのに料金が発生する論文も、本人のウェブサイトに論文が無料でアップロードされている場合は、そのリンクなども検索結果として表示してくれます。

「Google Scholar」では、Google ウェブ検索と同様、最も関連性の高い情報がページの上部に表示されます。Google の優れた技術によって、それぞれの記事の全文、著者、記事が掲載された出版物、他の学術資料に引用された回数などが考慮された検索結果が表示され、影響力のある重要度の高い論文が上位に表示されます。

また、通常のGoogle検索と同様に、日本語・英語の選択、期間や著者での絞り込みなど、演算子や複雑な検索にも対応していますので、慣れれば自分に必要な学術論文を自由自在に取り出すことができます。

本を執筆する人や卒業論文、修士・博士論文、学術論文を執筆する人にとっては非常に便利です。あるいはビジネスのプレゼンテーションやレポートなどで科学的根拠を補強したい際にも使えます。

学術論文を網羅的に探すことができるGoogleのサービスがあるということは、覚えておいて損はないでしょう。


【精神科医の本の選び方11】

「失敗しない4つの基準」

失敗しないための本選びとは？

これまでお伝えしてきたように、「どの本を選ぶのか？」は非常に重要な問題です。

特に読書量が少ない人は、漫然と読書をするのではなく、「目的」を持って読書をするべきです。目的地を決めないと、いつまでたっても目的地には到達できません。何冊も本を読んでいるのに、結果として自分の生活は何一つ変わらない、ということになってしまいます。

目的を持って本を選ぶ。そのためには、本を選ぶ「基準」が必要となります。失敗する確率を減らすための本選び、という意味でも「基準」が必要です。

無作為に選ぶのと、「基準」に従って選ぶのとでは、やはり「ホームラン率」は何倍も違います。

私が本を選ぶ際に大切にしている「基準」は、以下の4つです。

【失敗しない基準 1】広く、深く、バランス良く読む〜「温泉採掘読書術」

知識を広げるために本を読むのか、それとも知識を深めるために本を読むのか？

あなたは、どちらの読書が多いでしょうか？

「広げる読書」ばかりしていると雑学王のように幅広くいろいろなことを知ることはできますが、いつまでたっても何かの専門家にはなれません。

一方で「深める読書」ばかりをしていると、自分の専門領域については圧倒的な知識を持っているものの、それ以外の領域は全く知らない「専門バカ」になってしまいます。

「広げる読書」と「深める読書」、そのバランスが重要なのです。

まずは「広げる読書」で自分の興味や関心を広げて、そこから「おもしろい！」「もっと知りたい！」という好奇心をくすぐるジャンルや話題を発見したのなら、そこをドンドン深めていく「深める読書」にうつるべきです。

これは、いうなれば温泉採掘のようなものです。温泉採掘には、「試し掘り」と「本掘り」の2つがあります。温泉が出そうな場所を予想して、試しにそこを掘っていく。いきなり温泉が出る場合もあるし、出ない場合もあります。何箇所か「試し掘り」を繰り返して、ようやく温泉が出る場所を発見します。その後、安定的に温泉を供給するための太い穴を「本掘り」していくことになります。

温泉というのは、あなたの興味や関心、そして好奇心をくすぐる領域です。そうした領域にこそ、あなたの「適性」「個性」「特性」「長所」、あるいは「才能」「隠された能力」が埋もれているのです。

あなたの可能性を引き出すための読書をする。そのためには、「試し掘り」を繰り返し、「ここだ！」と思ったなら、徹底的に「本掘り」していくことです。これが、最も効率がいい自己成長につながる読書術です。

一番もったいないのは、「試し掘り」をして温泉が微量にわき出ているのに、あっさりと次の試し掘りに移動してしまう場合です。

例えば、大ベストセラーとなった『嫌われる勇気』を読んでみて、「おもしろい！　アドラー心理学って凄いなあ」と思った。でも、それっきりにしてしまう。「アドラー心理学って凄いなあ」という興味のアンテナが反応した、つまり「ここに温泉はある」という反応が出ているのに何もしない。これは、非常にもったいないことです。

アドラー心理学に興味を持ったのなら、アドラー心理学に関する別の本を何冊か読んでみるのです。「本掘り」することで、さらに知識は深まり、記憶にも残り、アドラー心理学を普段から実践できるようになるでしょう。

もう1つのよくある失敗パターン、それは、温泉が出るかどうかわからないところを、いきなり「本掘り」してしまうことです。これは、大きな時間の無駄になります。

例えば、これまであまり本を読んだことがない新人ビジネスパーソンが、先輩から「ドラッカーくらい読んでおけよ」と言われて、「よし、勉強しよう！」と一念発起し、『マネジメント』（上田惇生訳、ダイヤモンド社）を買ってきて読み始める。しかし、この大著を最後まで読むだけで一苦労ですし、これまでビジネス書を読んだことがなければ内容の深い部分まで理解するのは難しいでしょう。これが、最初から「本掘り」して失敗する悪い例です。

普段から本をたくさん読んでいる人は、いきなり「本掘り」しても強引に温泉を掘り当てることができるかもしれませんが、本を読み慣れていない人の場合や、自分の関心領域、専門領域ではない本を読む場合は、いきなり「本掘り」しないほうがいいでしょう。

普段、本を読まない人が「ドラッカーについて勉強しよう！」と思ったなら、大ベストセラーとなった『もし高校野球の女子マネージャーがドラッカーの『マネジメント』を読んだら』（岩崎夏海著、ダイヤモンド社）や、漫画や図解でわかりやすく解説したドラッカーの入門書、解説書から入ったほうがいいでしょう。何冊かドラッカーの入門書を読んで、知識の基礎体力をつけてから、はじめて本元の『マネジメント』を読んでみる。そうすると、より深いレベルで理解できるはずです。

「広げる読書」と「深める読書」。今の自分に必要なのはどちらなのか。本を選ぶ場合、そこを意識するだけでも、自分に必要な本と巡り会える可能性が飛躍的に高まります。

【失敗しない基準2】両輪で成長する～「長所伸展／短所克服読書術」

人が成長するためには、2つの方法があります。「長所伸展」と「短所克服」です。

自分の得意な分野、能力をさらに伸ばすのが「長所伸展」、自分の不得意な分野、苦手な部分を克服するのが「短所克服」です。

読書の場合は、

長所伸展　知っていることを深める読書（もっと知りたい）

短所克服　知らないことを学ぶ読書（知らないことを知りたい）

と言い換えてもいいでしょう。

例えば、スマホを使ってスケジュールを管理して、毎日膨大な仕事をこなすといった時間の使い方には少なからず自信があるけれども、もっと小さな無駄を排除して、さらに時間を効率的に活用したい人が読むべき「時間術」の本。

いつも約束の時間に遅れてしまう、書類提出もいつもギリギリになってしまう、という時間にルーズな人が読むべき「時間術」の本。

同じ「時間術」の本であっても、前者は「長所伸展」を目的としており、後者は「短所克服」を目的としています。同じ「時間術の本」ではありますが、当然、2人が読むべき本は違ってくるはずです。

あなたが本を選ぶ場合、「長所伸展」と「短所克服」のどちらを目的にしているのかを明確にしておくべきです。「短所克服」したい人は、守破離でいうと「守」の本から読むべきですが、「長所伸展」したい人は「破」か「離」の本を読むべきでしょう。

「長所伸展」と「短所克服」は、どちらを優先するべきか？

子育てにおいては、「長所伸展」を先にしたほうが、やる気を引き出しやすいといわれています。成功体験がほとんどない子供に、その子の嫌いなことを強制的にやらせても、前向きに取り組むことは困難です。まず好きなこと、得意なことをやらせて成功体験を積み上げて自信をつけてもらう。その上で、「短所克服」に進むべきです。

読書においても同じです。読書が苦手な人にとっては、自分の欠点に関連した、自分の苦手分野の本を読むのはかなり大変です。苦手意識が心にブレーキをかけ、最後まで読むだけでも骨が折れます。

読書が苦手な人は、興味のあるジャンル、自分の読みたい本の領域から「長所伸展」的に読んでいく。その後に本を読む習慣ができて、ある程度「深読」できるようになってから「短所克服」に取り組むと、物凄い効果が出るはずです。

【失敗しない基準3】「情報」と「知識」の偏りをなくす〜「栄養バランス読書術」

「情報」というのは、コンビニのオニギリのようなものです。パクッと食べて「おいしかった」と思います。炭水化物は私たちの空腹を満たし、今日活動するためのエネルギー源になります。

一方で「知識」というのは、いわばカルシウムや鉄分などのミネラル。血液や骨を作るための材料です。今日1日カルシウムや鉄分をとらなくても支障はありませんが、長期的に不足すれば骨《こつ》粗鬆症《そしょうしょう》や貧血など病気になってしまいます。「炭水化物」と「ミネラル」。どちらが重要ということではなく、どちらも重要です。どちらも摂取しないと生きていけません。大事なのはそのバランスです。

今日生きていくために必要なエネルギーが「情報」で、明日のために、普遍的に私たちの身体の一部となって私たちを助けてくれるのが「知識」。

栄養と同じように、重要なのは「情報」と「知識」のバランスです。

ネットだけをやって本を読まないのは、「おかず」のない「白米」だけの弁当を食べるようなものなのです。ネットやスマホで情報チェックするのももちろんいいのですが、スマホ、つまりインターネットで得られるものの大部分は「情報」です。熱心なスマホユーザーのほとんどは「情報過多」で「知識不足」に陥っているはずです。

栄養バランスがいい食事をとらないと病気になってしまうように、「情報」と「知識」をバランス良く吸収しないと、非常に不自然な状態に陥ります。目先の情報に踊らされて、本質的な思考・判断ができなくなります。

「情報」と「知識」のバランスを上手にとるように、その比率を意識しながら読む本や読む量を決めていくのが「栄養バランス読書術」です。

第2章でも書きましたが、電車の中ではスマホをさわらないで読書をすべきです。そうすれば、読書による知識獲得の時間が増え、相対的にスマホによる情報収集の時間が減る。これによって「情報」と「知識」のバランスを最適化できるでしょう。

【失敗しない基準 4】読書のポートフォリオを作る〜「分散投資読書術」

「本を読んでもなかなか結果が出ない」ということをよく聞きますが、実は本の種類によってすぐ結果に結びつく本と、なかなかそうはいかない本があります。

投資の世界では、超短期投資、短期投資、中期投資、長期投資など、利益確定するまでの時期によって、投資の方法が分類されています。一般的に、1日で利益確定する超短期投資、数日から数週間で利益確定する短期投資、数ヶ月から1、2年くらいの間保有する中期投資、5年以上にわたり保有する長期投資、という具合に分かれているのです。

本によって得られるメリットや自己成長を「利益」と考えれば、読書は「投資」ととらえることも可能です。そして、読書のスタイル、内容によって利益が得られるまでの期間も変わってきます。例えば、

超短期投資　ネット情報、新聞、週刊誌

短期投資　ノウハウ本（今すぐ活用できるノウハウ）

中期投資　仕事術、勉強術についての本（働き方や勉強法）
長期投資　思想、哲学、生き方についての本（心の栄養）

といった感じに分類できるでしょう。

ノウハウ本が好きな人はノウハウ本ばかりを読むし、思想や哲学が好きな人はそうしたジャンルばかりを読む傾向があるのではないでしょうか。

投資の世界では、短期、中期、長期投資の商品をバランス良く持つ、バランスのとれたポートフォリオが推奨されますが、読書の世界でも同じことがいえると思います。

短期投資の本ばかりを読んでいると、いろいろなノウハウが身につき仕事上手になれるかもしれませんが、本質的な人間的成長はいつまでたってもできない可能性があります。

思想や哲学の本をきちんと読んでいる人は、長期的に厚みのある人間へと成長していけると思いますが、短期では目立った結果が出ず、モチベーションが続かないかもしれません。

「本をたくさん読んでいるのに、何の結果も出ない」「目立った成長がない」という人は、読書のポートフォリオが偏っている可能性があります。

投資の世界と同じように、読書の世界においても、短期投資、中期投資、長期投資の本をバランス良く読みましょう。

第6章

早く、安く、
たくさん読める
究極の電子書籍読書術

電子書籍を活用すると読書量が増える

電子書籍の登場で読書量が2割増えた！

あなたは、電子書籍を読みますか？

私は、小説と漫画に関しては、ほぼ100％電子書籍で読みます。ビジネス書に関しては、紙の書籍で読む場合が多いのですが、情報を網羅的に集めたいとき、とりあえず書籍にあたりたいときなどは、電子書籍読み放題サービス「Kindle Unlimited」が便利です。また、今すぐ本の内容を確認したい、ある事柄について今すぐ書籍で調べたいときは、購入してすぐに読める電子書籍のありがたさを感じます。

この章では、私独自の電子書籍を使った読書術についてご紹介したいと思います。

私は、アマゾンの電子書籍端末、Kindleを持っていますが、このKindleがとても便利です。Kindleを使うようになってから、読書量が2割は増えました。

Kindleや楽天〈kobo〉、iBooksといった電子書籍には、極端にいうと何冊でも本を保管することができます。つまり、自分専用の図書館を持ち歩いているのと同じことです。紙の本であれば、読み終わればそれまでですが、電子書籍では次から次へと読むことができます。

多読、速読する人にとっては、この上なく便利なツール。スキマ時間を最大限活用できる時間節約ツールでもあります。

電車の中で、電子書籍を読んでいる人をときどきは見かけますが、現状、まだ多いとはいえません。電子書籍を上手に活用している人は、まだまだ少ないようですので、1章丸ごと「電子書籍読書術」について説明していきます（私が持っている端末がKindleだけということもあり、主にKindleについての話が多くなりますが、ご了承ください）。

どちらが便利？　電子書籍VS.紙の書籍

電子書籍のメリットを把握する

電子書籍と紙の書籍。どちらが優れているのでしょうか？

それは、時と場合によって違ってきます。

まず電子書籍のメリットを理解し、それぞれの長所、短所を比べてみましょう。

【電子書籍のメリット1】持ち運びが楽である

電子書籍の最大のメリットは、「持ち運びが楽」ということです。

紙の本の場合は、1冊200グラムとすると、2冊で400グラム、3冊で600グラムと、冊数に比例して、ドンドン重たくなっていきます。当たり前といえば当たり前ですが、その「当たり前」を覆《くつがえ》したのが、電子書籍です。

電子書籍には、何冊でも本が入ります。「何冊でも」というと語弊がありますが、例えばKindleペーパーホワイト8GBモデルなら約2800冊の本を保管できます。

また、容量がいっぱいになっても、電子書籍で購入した本は、クラウド上に保管されていますので、何度でもダウンロードすることができます。

当面読まない本を端末上で削除しても、また好きなときにダウンロードできる。つまり、**電子書籍端末を持ち歩いているということは、自分の蔵書全てを持ち歩いている、自分専用の図書館を持ち歩いているのと同じなのです。**

移動中に読んでいた本を読み終わった後、読むべき本がない、といったことは絶対に起こらないのです。

旅行中もかなりの読書チャンスですが、スーツケースに何冊も本を入れると重くなってしまいます。そんなときも、電子書籍端末があれば、何百冊も持っているのと同じことなのです。電子書籍の登場によって、本を何冊も持ち歩き、重たい荷物を運ぶ苦労をするということから解放されました。

【電子書籍のメリット２】本の保管が簡単である

私は年に３００冊以上読書するので、20年で６０００冊以上は読んだはずです。１回読んで処分する本もありますが、保管している本も多く、蔵書数は何千冊あるかわからないほどです。それだけ本を持っていると、保管場所だけで相当なスペースをとります。

さらに、年に３００冊も本が増え続けるわけですから、本の整理・処分を定期的に行っていかないと、部屋の中に歩く場所もなくなってきます。

本を処分するというのは簡単そうですが、１００冊の本を処分するのはかなり大変です。「本好き」にとっては、「もう二度と読まない」と思っても、本に対する愛着もありますから、「捨てる」というのは心理的にも辛《つら》い作業です。

そんな中、この電子書籍の凄《すご》いところは、本を捨てなくてもいい、ということです。本を整理したり、本棚や物置に移動したりする手間も必要ありません。購入して、読んだらホッタラカシ。

必要があれば、いつでも読むことができる。

本を捨てなくていい！　電子書籍であれば、購入した本をずっと保管できる！　これは本好きにとっては、本当にありがたい、物凄いメリットなのです。

【電子書籍のメリット3】紙の本よりも安くて読書量が増える

月に何十冊も本を読む人は、本の購入費がかさみます。

「本は、できるだけ安く読みたい！」と、誰もが思っているはずです。

しかし、特に今日発売された紙の書籍の「新刊」を安く購入することはできません。

一方、電子書籍の場合は、今日発売された「新刊」でも、安く購入することができるのです。

最近では、大手出版社の電子書籍市場への進出が進み、新刊発売と同時に電子書籍の発売を開始する出版社が増えてきました。紙の本と電子書籍の価格を比べた場合、電子書籍は10％から50％くらい安い値段で販売されているようです。

ちなみに自分の本で調べてみたところ、『ＳＮＳの超プロが教える　ソーシャルメディア文章術』（サンマーク出版）は、紙の書籍では定価１６５０円のところ、Kindle価格は８４９円、楽天〈kobo〉価格は９４３円でした。

１６００円以上する本が１０００円以下で買えるというのは、心理的にも非常に楽です。

「この本、読みたい！」と思っても、１６５０円であれば買うのを躊躇《ちゅうちょ》することもあるかもしれませんが、９４３円であれば即買いするでしょう。

１ヶ月の本の購入費が仮に１万円だとすると、１５００円の本は６冊しか買えませんが、

1000円の電子書籍であれば、10冊買えます。

電子書籍を上手に活用すると、同じ「図書購入費」でも、30〜40%読書量をアップさせることも可能なのです。

【電子書籍のメリット4】購入した直後から読め、時間節約になる

ネット書店で本を購入すると、在庫があれば都内だとたいてい翌日には届きますし、アマゾンの「お急ぎ便」を使うと当日に届くこともあります。

しかし電子書籍はそれより早い。購入した直後に読むことができるのですから。

これもまた、凄い長所だと思います。

「この本、読みたい！」と思った瞬間が、その本に対する関心、期待値が最も高まっている瞬間です。そこで電子書籍で購入すれば、ダウンロードの時間を入れても1分後には本を読み始めることができます。そして、脳内でドーパミンが分泌されているまさにその瞬間に読むことができるので、記憶にも残りやすい。

読みたいときに、すぐに注文して、すぐに読んで、すぐに問題解決できる。このスピード感が、思考速度や文章を書く速度を加速してくれます。

【電子書籍のメリット5】いつでも好きなときに読み返せる

「あの本、どこにあったかなあ」と探してはみたものの、なかなか見つからない、ということは誰にでもあると思います。私のように膨大な蔵書を保有していると、そうした「探す」という時間の無駄がよく発生します。

最悪なのは、どうしても必要な本がいくら探しても見つからなくて、もう一回購入する、というパターンです。時間とお金、ダブルの損失です。

電子書籍であれば、必要な本を一発で検索できますから、「本が見つからない」「本を探すのが大変」「本を探すのに時間がかかる」ということから解放されます。

また、外出中であっても、「あの本の、あの部分を調べたい」と思ったら、手元にある端末を開き、その本の該当箇所をチェックすることが可能です。自分の蔵書を全て持ち歩くことができるのですから。

「いつでも好きなときに読み返せる」。これもまた、凄いメリットです。

辞書、事典、法令、マニュアルのような何度も見返す必要のある本に関しては、特に電子書籍が便利です。何百ページもあるような本は、机の上に持ってきて広げるだけでも大変ですから。

【電子書籍のメリット6】秀逸すぎる「ハイライト」機能で復習が楽にできる

私は紙の本を読む場合、本にマーカーでラインを引きながら読んでいますが、荷物を持った状態で満員電車に乗ると、片手しか使えず、またスペース的な問題から「マーカー読書術」ができない場合もあります。そんなときは、ページの端に折り目をつけて、後からラインを入れるという、二度手間なことをしなくてはいけなくなります。

それが多くの電子書籍端末の場合、「ハイライト」機能によって、手でなぞるだけでラインを引くことができます。これが、非常に便利です。カラーに対応した端末であれば複数の色を選べ、またハイライトした部分を一覧にして、「名言集」のように見返すこともできるので、復習も簡単です。

本を読み終わった後に、ハイライト部分だけを1分ほどで読み返してみる。それだけで、「アウトプット1回」に相当しますから、より記憶に残りやすくなります。

ラインが簡単に引けて、復習も簡単にできる。これは、電子書籍で読書をする大きなメリットの1つといえるでしょう。

【電子書籍のメリット7】満員電車の中で読みやすい

スキマ時間で月30冊読む。私にとって、電車での移動時間は、最も重要な読書時間です。

ところが満員電車の中で紙の本を読むのはかなり大変です。両手が空いていればいいのですが、荷物を片手に持っている場合、片手だけではページめくりができません。

そんなときは、電子書籍端末が便利です。片手で持って、ページめくりも片手でできます。満員電車の中でも、紙の書籍を読むよりは、電子書籍端末のほうがスペースをとらずに読めるので、他人の迷惑にならない。

満員電車という本を読みづらい環境でも、電子書籍があると読書が楽にできるのです。

【電子書籍のメリット8】老眼にやさしい

私のように「老眼」が出てくる年齢になると、小さい字で書かれた本が非常に読みづらい。あるいは無理して読んでいると目が疲れるということがあります。

電子書籍の場合は、文字の大きさや行間を自由にカスタマイズできます。自分の読みやすいサイズで、またフォントも「明朝」と「ゴシック」などから選ぶこともできますので、読みやすい快適な読書ができます。

「国語に関する世論調査」（2018年度）の結果によると、読書量が減った理由の第2位が、「視力など健康上の理由」（37・2％）となっています。視力低下、老眼によって本を読まなくなったとすれば、逆にいうと読みやすい本が登場すれば読書量が増えるということです。電子書籍は、中高年者の読書量アップに貢献できるかもしれません。

紙と電子書籍、それぞれの長所によって使い分ける〜「宮本武蔵読書術」

電子書籍のデメリットを把握しよう

これだけ長所の多い電子書籍ですが、やはりデメリットはあります。

電子書籍の最大の欠点は、パラパラと全体を一瞬にして俯瞰《ふかん》することができないことでしょう。

本書でいう「パラパラ読書術」「ワープ読書術」ができない、またはやろうとしても紙の書籍に比べて非常にやりづらいのです。全てのページを一字一句読む必要のない本を、適度に読み飛ばしながら、重要な部分だけを読むことは難しいのです。

電子書籍では、基本的には、1ページずつ読み進めるか、ページ下部にあるスライダーなどでザックリ、ページ移動するしかありません。

「この本の結論は何か？」ということをいきなり知りたい場合、紙の書籍であれば最後の章をパラパラとめくっていくと、だいたい30秒以内には、「この辺だろう」という目星をつけることができます。しかし、電子書籍ではそうした「ワープ読書術」がしづらく、紙の本よりも時間がかかります。

また、「あの部分はどこに書かれていたかな？」と、一度読んだ本の特定の箇所を見返したい場合も、紙の本であればパラパラとめくれば10秒もかからずに見つけ出すことができるのに対し、電子書籍だとそうはいきません。2、30秒はかかってしまうので、もどかしい場合があります。

そうならないように、私は、後で読み返したくなるような箇所には全て「ハイライト」を入れておくようにします。後から見返したくなったときには、ハイライトの一覧から瞬時にジャンプすることができます。

あるいは「検索」機能があるので、読み返したい部分に含まれている単語や言葉の一部を入力すると、瞬時に探すことも可能です。

電子書籍にもデメリットはありますが、電子書籍に慣れてくると、それを克服するような自分のアイデアや読み方というものが、また生まれてくるのです。

紙と電子書籍の二刀流が効率的である

私は、外出するときは必ず紙の本を1冊カバンに入れるようにし、電車の中などで読んでいます。「分厚い洋書の翻訳本」などをのぞけば、普通のビジネス書ならば2時間かからず読み終えることができるので、そうなると、帰りの電車で読む本がなくなることもあり、スキマ時間を有効活用できなくなります。

かといって、紙の本を2冊カバンに入れると、ボリュームもあるし、重さも出てしまいます。

そこで私がやっているのは、Kindleの活用です。

紙の本1冊とKindleをカバンの中に入れるようにしておくのです。まず、紙の本を読んで、読み終わったら次にKindleで本を読みます。

帰りの電車では疲れている場合も多く、かたいビジネス書を読みたい気分ではないときもあります。そんなときも、電子書籍であれば、たくさんの本の中から今一番読みたい本を選んで読むことができます。

「ワクワク読書術」、つまり「今、一番読みたい本を読む」ことが記憶力アップに役立つことは既にお話ししました。

二刀流の宮本武蔵のように、紙と電子書籍の二刀流で読書する。スキマ時間を無駄にしないという意味と、記憶力を高めるという二重の意味で、効果的な読書術といえます。

端末の選び方、ハイライト、裏技まで～「Kindle 読書術」

樺沢流「Kindle 読書術」

この章の最後に、私が実際に日々使っている Kindle について、その選び方やハイライト活用法、裏技をご紹介しておきます。

仮に Kindle をお持ちでなくても、スマホやタブレットで「Kindle 無料アプリ」をダウンロードすれば Kindle 電子書籍を読めるようになりますし、２０１５年１月からはパソコンでも Kindle 電子書籍が読めるようになりましたので、是非試しに一度読んでみてください。

ペーパーホワイトとファイア、どちらがいいのか？

Kindle を使った読書を始めようという場合、最初に突き当たる壁が、「ペーパーホワイト」と「ファイア」のどちらを購入するか、という問題です。

「ペーパーホワイト」は、白黒表示で非常に軽い。一方、「ファイア」はカラー表示で「タブレット」としてネットの閲覧もでき、カメラなどさまざまな機能がついていて便利ですが、少々重たいのが難です。

「ペーパーホワイト」と「ファイア」、どちらにするか、非常に迷います。購入する前に必ず実物を見て、手にとってから決めたほうがいいでしょう。大きな家電量販店に行けば陳列されていますので、実際に手にとることができます。

重要なのは、「重さ」です。読書というのは、30分、1時間と続けることもあるので、「30分続けて手に持っていても疲れない重さ」というのが、必要条件となります。「ペーパーホワイト」は約200グラムで、この重さは文庫本1冊の重さとほぼ同じ。つまり、片手で持ち続けても全く疲れない重さであるといえます。

一方で「ペーパーホワイト」は白黒表示なので、文字だけを読む場合はいいのですが、写真集やカラーの図版が入った電子書籍を楽しめないという欠点があります。また、「ペーパーホワイト」の画面は、「非常に見やすい」という意見と「非常に見づらい」という意見の賛否両論があります。

私は「ファイア」を使っていますが、単独で持つと少々重たいものの、膝にのせたり、何かを支えにすると重さを感じないで読むことができています。

「ペーパーホワイト」の大きな長所の1つは、iPadやSurfaceといったタブレットではバックライト方式が採用されているのに対し、「ペーパーホワイト」はフロントライト方式が採用されているので、晴天の屋外でも文字が読みやすいということです。

アメリカ人はプールサイドで読書をする人が多いので、Kindleの発売当初、日差しの強い屋外でも読みやすいと、「ペーパーホワイト」が飛ぶように売れました。

どこで読むのか？　どんな本を読むのか？　常に持ち歩くのか？　そういった、端末を使うTPO（いつ、どこで、どんな場合に）をはっきりさせれば、「ペーパーホワイト」と「ファイア」のどちらを使うべきかが、見えてくると思います。

ちなみに私は、「ペーパーホワイト」と「ファイア」の両方を所有しており、シチュエーションによって使い分けています。

電子書籍の醍醐味～「ハイライト読書術」

Kindleにはいろいろな機能がありますが、それらの機能の中で最も便利な機能であり、私が最も活用している機能が「ハイライト」です。

先述したように、「ハイライト」とは、本に蛍光ペンで線を引くような感覚で、電子書籍上で線が引ける機能です。「ファイア」では赤、青、黄、オレンジの4色から選択できます。

ハイライトしたい部分を指でなぞり、色を選択するだけですから、物凄く簡単です。

そして、後からハイライトした部分だけをまとめて読むことができます。

電子書籍を読んでいて、「これはおもしろい！」「これは実行しないと！」という、「気づき」が得られた場合、私はすかさずハイライトします。

紙の本の場合、線を引きたいと思っても、ペンが手元にないと線が引けませんし、満員電車の中で線を引くのは至難の業です。それが電子書籍であれば、いつでも、どこでも線を引くことができます。

またハイライトした部分を自分のパソコンに転送することもできますし、Facebook や Twitter でシェア、紹介することもできます。

「ハイライト読書術」の大きなメリットは、いつでもどこでも、Kindle さえ持っていれば、簡単に見直すことができる点です。Kindle さえ手元にあれば、「3分のスキマ時間」で最近読んだ本の復習をすることができます。

Kindle で小説を無料で読む方法

Kindle では通常の有料版の本の他に、「無料版」というものがあります。無料で読める本がたくさん登録されているのです。

夏目漱石の『こころ』『吾輩は猫である』『坊っちゃん』、太宰治の『人間失格』などが、無料版ランキングで常に上位に位置しています。

著作権が切れた小説などが、「青空文庫」として多数公開されていますので、名著と呼ばれる小説の多くを無料で読むことができます（楽天〈kobo〉などでも閲覧可能）。

私は、Kindleをはじめ、電子書籍では小説こそ非常に読みやすいと思います。一字一句、前に向かって読んでいく。ページめくりにもリズム感が出てきて、読むスピードがアップします。

青空文庫での私のお勧めは、私の運命を変える1冊となった夢野久作の『ドグラ・マグラ』です。宮崎駿監督のアニメ「風立ちぬ」の元になった堀辰雄の『風立ちぬ』を読んで、映画と比べてみる。あるいは大ヒット映画「アナと雪の女王」とアンデルセンの『雪の女王　七つのお話でできているおとぎ物語』（楠山正雄訳）を比べてみて、全然違う話じゃないかと驚いてみるのもおもしろいでしょう。

Kindle電子書籍を「読み放題」する方法

月に何冊も本を読む読書家にとっては、書籍の購入費はかなりの金額になります。例えば、ビジネス書を3冊購入すると、5000円近くなります。

自分の好きな本が、定額で読み放題できたら……。そんな人にお勧めの、夢のようなサービスがアマゾンの「Kindle Unlimited」です。月額980円でKindle電子書籍のうち、

「読み放題」に登録されている200万冊以上のビジネス書、小説、雑誌、漫画などが読み放題になります。

最大20冊までのダウンロード制限があるので、同時に読むことができる冊数は20冊ですが、本を返却すると新しい本をダウンロードすることができ、実質的に無制限で本を読むことができます。

例えば、私の本でいうと『今日がもっと楽しくなる　行動最適化大全　ベストタイムにベストルーティンで常に「最高の1日」を作り出す』（KADOKAWA）、『人生うまくいく人の感情リセット術』（三笠書房）、『いい緊張は能力を2倍にする』『脳を最適化すれば能力は2倍になる　仕事の精度と速度を脳科学的にあげる方法』（ともに文響社）、『エヴァンゲリオンの心理学』（しおん出版）などが読み放題になっています。

このうち、『いい緊張は能力を2倍にする』と『脳を最適化すれば能力は2倍になる』は、紙の書籍が現在では絶版で入手困難となっていますので、読み放題で読んでいただけるのはありがたいことです。

最近出版された本や売れ筋のベストセラーは「読み放題」に含まれていないことが多いのですが、一方で一昔前のベストセラー、古典や名著と呼ばれる本は、たくさん読めます。

私の場合は、本や原稿、記事を書くときに「資料」としてよく活用しています。例えば、

「発達障害」についての記事を書こうとする場合。「発達障害」についてのざっとした知識をインプットしたいと思ったら、アマゾンの検索窓で「発達障害　Unlimited」と検索します。すると、発達障害だけで10冊以上の本が読めるのです。そのうちの2〜3冊に目を通せば、発達障害の基本的な知識で困ることはないでしょう。

会社で資料を作るときなど、その分野の本を網羅的に調べたい、ということがあるはずです。それを普通に購入すると、10冊で1万5000円は超えるでしょう。そのうち、3、4冊でも「読み放題」に含まれていれば、5000円程度を節約できます。

その本の一部分だけ読みたい。でも、そのためにわざわざ購入するのも……というときにも便利です。

情報を網羅的に集めたい。わざわざ買うほどではないが、一部分だけでも見ておきたい。引用元となる資料が欲しい。同じ論点で、他の著者はどう考えているのか知りたい。一つの分野をまとめて読みたい……。このようなとき、インプットの幅を「広げる」のと「深める」の両方の側面で、読み放題サービスはさまざまに活用できます。

「Kindle Unlimited」は、Kindleの愛用者には常識に思えますが、普段読書をしない人、電子書籍を読まない人のなかには、そんなサービスがあることを全く知らない人も多いのです。実際、私の友人、知人を見ても、「Kindle Unlimited」をうまく活用している人は、数人です。

あなたにピッタリな上手な使い方をすることで、情報のインプット量を飛躍的に増やすことができます。

Kindle端末を持っていなくてもKindle電子書籍を読む方法

私は、Kindle電子書籍を30冊以上出版しています。新しい電子書籍を出すたびにSNSで紹介するのですが、「その本を読みたいのですが、私はKindle端末を持っていないので読めません」といったコメントをよくいただきます。

「Kindle電子書籍は、Kindle端末を持っていなくても読める」という事実を知らない人がたくさんいます。

Kindleは持っていなくても、ほとんどの人はスマホかタブレットのどちらかを持っているはずです。「Kindle無料アプリ」をダウンロードすれば、全てのスマホ、タブレットで、Kindle電子書籍を読めるようになるのです。つまり、スマホやタブレットを持っていれば、Kindle端末がなくてもKindle電子書籍が読めるのです。

さらにうれしいことに、２０１５年1月に、Kindle電子書籍がパソコンで読める「Kindle for PC」の日本語版がリリースされました。これをパソコンにインストールしておけば、自分のパソコンで全てのKindle電子書籍が読めるようになる、という便利なスグレモノです。ただし、「Kindle for PC」はWindows専用です。

Macユーザーの方は、「Kindle for Mac」をダウンロードしてください。

ダウンロードページは、Googleで検索すれば、すぐにわかります。

電子書籍端末がなくても、スマホやタブレット、そしてパソコンでも電子書籍が読める時代になりました。これによって、日本でも電子書籍による読書が飛躍的に広まっていくでしょう。

耳から読書する「オーディオブック読書術」

「聴覚優位型」の人には「耳学」がお勧め

「読書が苦手」という人は、多いはずです。ビジネス書を1冊読むのに1ヶ月かかる、という人もいます。

イギリスの教育学者、アリスター・スミスは、1998年、新しいことを覚える際、子どもたちの情報の取り入れ方の違いによって、3つのパターンに分類されることを明らかにしました。

- 視覚優位型（Visual）：視覚情報の処理に優れている
- 聴覚優位型（Auditory）：聴覚情報の処理に優れている
- 運動感覚／触覚優位型（Kinesthetic）：触ったり動いたりすることを通して学ぶ

これは、それぞれの頭文字をとって、「VAKモデル」と呼ばれています。

視覚優位型の人は、視覚からの文字情報によって理解し、記憶する能力に長けていますが、聴覚優位型の人は、それが苦手。目を使う読書よりも、耳から聞いたほうが、記憶に残りやすいのです。

アメリカの教育学者であるミラーの2001年の研究では、小・中・高校生のうち29％が視覚優位型、34％が聴覚優位型、37％が運動感覚／触覚優位型であると報告されています。視覚優位型は、3人に1人。読書が得意な人は3人に1人にしかすぎず、逆にいうと3人に2人は読書は苦手というわけです。

もしあなたが、「読書が苦手」と感じているならば、視覚優位型ではないのかもしれません。聴覚情報の処理に優れている聴覚優位型の人にとっては、耳から学ぶ「耳学」のほうが理解しやすく、記憶に残りやすいのです。

そんな人にお勧めなのが、オーディオブックです。プロのナレーターが書籍を朗読した音声のコンテンツで、本の内容を、そのまま耳から学ぶことができるのです。

オーディオブックの現在の主要なサービスとしては、アマゾンの「Audible（オーディブル）」と「audiobook.jp」があげられます。

オーディオブックは1冊ごとに購入できますが、単品だと紙の書籍を購入するよりも高額になってしまうことがあります。Audible、audiobook.jp それぞれ「定額聴き放題サービス」がありますので、そちらがお得です。

オーディオブックの最大の特徴は、「ハンズフリー」です。例えば、通勤の途中に聴く。散歩やエクササイズをしながら聴く。車を運転しながら聴く。掃除や洗濯など、家事をしながら聴くこともできます。

移動時間、エクササイズ時間、家事の時間を、「学び」の時間として活用できる。これは、時間術的に非常に有利です。本を持てないような満員電車でも、音声を聴くだけなら可能ですし、車での移動時間が多い人は、オーディオブックを活用すれば、数日で本が1冊読めてしまいます。

意外な活用法としては、紙で読んだ本をオーディオブックで改めて聴くこと。復習に使うのがお勧めです。本を読んだときに得られる「気づき」と、耳から聴いて得られる「気づき」がかなり異なるのです。本をしっかり読んだはずなのに、「あれ、こんなこと書いてあったかな?」ということを、しばしば体験します。1冊の本を、2倍、3倍と深めて理解することができるのです。

エクササイズ中の耳学もお勧めです。私は、ウォーキングマシンでジョギングしながら聴くことがあります。有酸素運動でドーパミンやノルアドレナリンが活発に分泌されますが、ドーパミン、ノルアドレナリンには、記憶増強効果があります。

実は運動しながら、あるいは運動直後に勉強、暗記すると、圧倒的に記憶に残りやすいのですが、意外とやっている人が少ない。電車でじっと座って聴くのと、エクササイズしながら聴くのとでは、エクササイズしながら聴いたほうが、記憶に残りやすい。学びの効果が大きいのです。

オーディオブックを体験したことがない人は、1度、聴いてみることをお勧めします。実はあなたが「聴覚優位型」だとすれば、読書以上に、オーディオブックのほうが自己成長を実感できるかもしれません。

第7章

「読んだら忘れない」精神科医の本の買い方

「複利」の効果で富をもたらす本の買い方

貯金をするな！　知識を貯金しろ！

ユダヤ人の教えに「財産を全て奪われても、知識だけは奪えない」というものがあります。実はユダヤ人は、「お金」よりも「知識」を重視します。ですから、ユダヤ人は子供の教育に物凄《ものすご》く熱心でお金もかけます。結果として、「知識」が「お金」をもたらすので、世界中で成功しているユダヤ人が多いのです。

知識は最高の貯蓄である。私は、この考え方に大賛成です。私は大学生の頃から、本を買うことと、映画を見ることには、お金に糸目をつけないでやってきました。

もしあなたに１００万円の貯金があるのなら、銀行に預けておくよりも、１００万円分、本を読んだほうがいいと思います。

もし、10年前からそれを実行していたのなら、貯金は１００万円ではなく、きっと今では１０００万円になっていたはずです。

１０００万円あれば、約１００００冊の本が読めます。１ヶ月で約10冊、10年分です。

１００００冊の結晶化した知識は、あなたにどれだけの「富」をもたらすでしょう？

一方、１００万円を銀行に10年預金して、何円、利息がつきますか？　今の利率だとほとんど、利息はつきませんね。

しかし、1ヶ月約10冊の読書は、「複利」で、日々の生活に「富」をもたらしてくれるのです。それは精神的な充実感のみならず、時に収入のアップや、昇進といった現実的な利益につながるはずです。

この章では、あなたに「富」をもたらす本の買い方についてご説明していきます。

「読みたい」「買いたい」と思った本は躊躇せず買う
〜「年間予算購入術」

1冊ずつ元をとろうとしない

「本を買おうと思ったけど、高いからやめた」という経験は誰にでもあると思います。

今、財布の中に3000円しかないとしたら、1500円の本を買うのは、躊躇《ちゅうちょ》するかもしれません。しかし、財布の中に3万円あるとき、そこに「読みたい!」1500円の本があれば、多くの人は買うと思います。

あなたが「読みたい!」と思ったということは、あなたの直感が働いた証拠。潜在意識が「読め!」という指令を出した本なので、読むべきだと思います。そして、「読みたい！」と思った瞬間に、すぐ買って読んだ本こそ、最も内容を吸収でき、自己成長の糧にできるのです。

そんな貴重な1冊を「高いから」という理由であきらめるのは、もったいない話です。知的な自己投資をケチるべきではありません。読書は、10年複利の定期預金のようなもので、後から必ず大きく利子がついて返ってくるのです。

あなたが「それなり」の本しか読まないとするのなら、将来の自己成長も「それなり」のものにしかなり得ないのです。

今、ここにあるこの本が「１５００円の価値があるかどうか」を考えるから、「買おうかどうしようか？」と悩みます。

本にはどうしても当たり、ハズレがありますから、ハズレ本を引く可能性はゼロにはできません。私のように年に何百冊も読むと、どれだけ吟味して購入しても、どうしてもときどきは「残念な本」を買ってしまいます。10冊連続で「当たり」を引くことは不可能です。

ですから、**「1冊ずつ元をとる」ことを考えずに、トータルで元をとればいいのです。**

私は、「年に30万円の予算で３００冊本を読んで、10冊のホームラン本と巡り会えればいい」と考えます。

つまり、本を買うための年間の予算を決めるということです。高い本も安い本もありますし、文庫本も雑誌もありますし、電子書籍もありますから、だいたい平均すると本1冊1000円です。10万円の予算があれば、100冊読めます。

100冊読んでいれば、日本人の上位数%に入る、物凄い多読家です。

ですから、まず読書予算として月1万円、年12万円を確保しましょう！

一万円札が12枚入ったリッチなお財布を用意するわけです。

そうすると、「この本は、1500円の価値があるだろうか？」といちいち考えることはなくなります。「買いたいから買おう！」「この本は自分に必要だから買おう！」というあなたの直感が100%、そのまま購入につながります。

年間予算を決めて本を購入していくのが、「年間予算購入術」です。

これによって、心に余裕ができます。

圧倒的に「多読」になっていきますし、結果として「ホームラン本」と出会う確率も飛躍的に高まります。

1ヶ月1万円の「アマゾンお財布作戦」とは？

「月1万円、年間12万円を図書費として確保しよう！」といっても、本を買うためだけの専用のお財布を作って、それを持ち歩くのも面倒です。

また、「お小遣い帳」のように、本を1冊買うごとに記録、集計するのも大変です。

そこで、簡単に図書費の管理ができる方法があります。

本を買う場合、書店で買う人もいますが、ネット書店で買う人も多いでしょう。私の場合は、8、9割はアマゾンで買って、「雑誌」と「どうしても、今日読みたい本」を書店で買うイメージです。

そこで、まずアマゾンのギフト券を3万円分、コンビニで買ってください。そして、それを自分のアマゾン・アカウントに入れ、本を買うごとに、そこから引き落とされるようにするのです。

これをすると一回ごとにクレジット決済をしたりコンビニで支払ったりする必要がなくなるので「お金を払っている」という感覚が弱まり、気楽に読みたい本を読みたいだけ買うことができます。

3万円は、3ヶ月分の図書費です。ですから、3ヶ月でこの予算内で好きなだけ買っていけばいいのですが、実際にやってみると、3ヶ月で3万円の予算を消費するのは結構大変です。もちろん買った以上読まなくてはいけませんし、ただ読むだけではなくアウトプットもしなくてはいけません。

月10冊ペースで読むには3日に1冊ですから、かなりのハイペースです。

一般的にはなかなかそこまで読めないので、「好きな本を好きなだけ読める」充実感と満足感を味わうことができますし、今まで「この本、買おうかどうしようか」と迷っていた時間と精神的労力が、どれほど無駄だったのか、本を読まないことによる機会損失のデメリットについても、実感できるはずです。

ちなみに、私のアマゾン・アカウントには、常に5万円以上の金額が入っています。

本を買うときは、即断即決しなさい

買うか買わないかは1分で判断する

本を買うときに「買う」か「買わない」か迷う人が多いと思います。

「変な本を買ってしまったら、お金がもったいない」と思うのでしょうが、私にしてみるとあまり迷いすぎるのは「時間」がもったいないと思います。

会社員の平均時給は、約2000円だといわれます。ですから、単純に考えて10分迷ったら、330円の損失です。年収の高い人は時給4000～5000円の人もいるでしょう。そんな人が、10分悩んだら600～800円ほどの損失ですから、文庫や新書の値段になってしまいます。

私の場合は、本を買うかどうかは1分以内で決めます。

ネット上で誰かが紹介して「おもしろそう！」と思った本があれば、とりあえずアマゾンでチェックします。目次を見て、「自分が知りたいことが書かれているか」を確認して、自分の「目的」に合致した本だと思ったなら、即、購入します。

この作業に要する時間は、だいたい1分くらいです。

ただ、「買おうかどうしようか？」「今の自分に必要だろうか？」「自分の知りたい内容が書かれているかどうか、目次やレビューからはわからない」という場合もあって、購入に迷う場合もあります。

その場合は、「保留」ということで、「ほしい物リストに追加する」ボタンをクリックします。やはりこの場合も、判断までの所要時間は、1分です。

もちろん、アマゾンのページで1分ほど物色して、「買わない」と判断することもあります。


本を買うか買わないかで迷っているのは時間の無駄だから、本を買うかどうかは、1分で決めなさいということです。

「買う」「保留」「買わない」のどれかに決める。

迷ったら「保留」ということで、「ほしい物リスト」に入れて、後から検討します。

「ほしい物リスト」をフル活用する

ネット書店で本を選ぶ場合、現物を見られないので、買うべきか買わないべきか迷うことがあります。しかし、書店で現物を見れば、それが自分にとって必要な本かどうかは、1分で判断できます。

「ほしい物リスト」に入れると記憶に残るので、書店に行ったときに「この間、アマゾンで見た本だ！」と反応することができます。実物を手にとって、必要なら買えばいいし、必要なければ買わない。この手順を踏むことで、「ハズレ本」を買う確率は激減します。

あるいは、1ヶ月に1回くらい、暇なときに「ほしい物リスト」を整理します。リストに入れてから、1ヶ月か2ヶ月してもう一度「ほしい物リスト」を見てみる。そうすると、それぞれの本に対して「欲しい」か「欲しくない」かが、瞬間的に判断できるようになっています。

1ヶ月たっても「欲しい本」「読みたい本」は、あなたにとって必要な本なのです。直感がそう教えてくれていますので、買うべきです。

実際には1ヶ月たつと「ほしい物リスト」に入れた本のうち、80～90％は「欲しい」とは思わなくなっています。1ヶ月くらいの冷却期間をおくことで冷静に考えられ、「今の自分に必要がない」ということが判断でき、無駄な本の購入を減らすのに役立ちます。

自分にとって必要な本を分類して、整理する

本は3種類に分類される

「買い方」とは少しズレますが、「本の整理」の仕方について書いておきます。

私は、月に30冊ほど読書をします。つまり、年に300冊以上は読みます。

最近では、電子書籍が出ているものは、できるだけ電子書籍を買うようにしていますが、それでも約3分の2は紙なので、200冊は紙で読んでいるはずです。

200冊というのは、積み上げるとわかりますが凄いボリュームがあり、かなり場所をとります。ですから、定期的に整理していかなくてはいけません。

私が読む本は、主に3種類に分類されます。

① 仕事に関する本（今後、出版・執筆の資料となりそうな本）
② 二度以上読むべき本

③一度読めば十分な本

①は、私の場合でいうと、精神医学、脳科学、心理学に関する本になりますが、これらの本は一度読んでも、後からまた本や原稿を書くために見返したり、引用したりする必要も出てくるため、保管しておく必要があります。
②は、「深読」で読む本と言い換えてもいい。何度も読み返さないと深い部分まで理解できない本。あるいは、時間をおいて読み返すことで新しい発見が得られる本です。

③は、「速読」で30〜60分で、サーッと読める本。その本のエッセンスを知るのに一度読めば十分な本、と言い換えてもいいでしょう。

この3パターンのうち、③は長期間保存しておかなくてもいい本なので、整理・処分する必要に迫られれば③に手をつけます。

本を処分するためには、古書店やオークションに出す、フリーマーケットなどで販売するといった「売る」という方法、また思い切って捨てるという方法があります。

しかし、捨てるというのは意外と難しいものです。やはりもったいなくなってしまったり、愛着がわいたりして、捨てられなくなります。

雑誌の場合は、必要なページだけ切り抜くと、処分しやすくなるでしょう。

本を人にプレゼントすると喜ばれる

私は、本を愛しているので、本を捨てるのは苦しすぎます。結局捨てられないで、本があり得ないほどたまってしまいました。このように、本を整理し処分する際のメインの方法を「捨てる」に設定してしまうと、結局しのびなくなり、ドンドン本がたまっていく、という問題に直面します。

そこで、捨てるのではなく人にプレゼントすることにしました。

具体的には、私が主宰する「ウェブ心理塾」の会合に、50冊くらいをまとめて持って行くのです。「この本をプレゼントします。欲しい人は、1人1冊持って行ってください」と。

そうすると、本が飛ぶようになくなっていきます。

「この本、読みたかった本なんです」「この本、おもしろそうですね」「こんないい本、タダでもらっていいんですか」と、みなさん本当に喜んでくれます。

処分するはずの本を人にプレゼントすると、人から感謝されるのです。

もう一度他の人に読まれて、第二の「人生」を送ることができる。2倍活用されるわけですから、本も喜んでいるでしょう。

さらに、ピンポイントで本をプレゼントすると、もっと喜ばれます。

例えば、「話し方」の本を読み終わったら、話下手で悩んでいるAさんにそれをプレゼントします。そうすると、「わざわざ私のために」と物凄く感激してくれます。「起業の方法」についての本を読み終えたら、「そういえばBさんが起業の準備をしていたな」ということで、Bさんにプレゼントする。そうすると、「ちょうどこんな本が読みたかったのです」と、物凄く感謝されます。

その本を最も活《い》かしてくれそうな人にプレゼントすると、想像を上回るほど感謝されて、逆に恐縮してしまいます。

このように、本を人にプレゼントすると、「なかなか捨てられないで本がたまっていく」状況から脱出するのと同時に、人からも感謝されていいことずくめです。次回会ったとき、「あの本どうでしたか?」と感想を聞くと、その本の話で盛り上がります。自分が本から得た「気づき」を人とシェアできるチャンスが増えるのも、本をプレゼントすることのメリットです。

是非、やってみてください。

第8章

精神科医がお勧めする珠玉の31冊

精神科医がお勧めする「ホームラン本」とは？

一読の価値ある、良書31冊

本書を最終章までお読みいただきありがとうございます。ここまで読んだあなたは、「偉そうに読書術を語る樺沢は、一体どんな本を読んでいるんだ？」という疑問をお持ちかもしれません。

ということで、最後に私が今まで読んできた本の中から、特にお勧めしたい本を選び、紹介することにします。

しかしながら、私が今まで読んだ何千冊もの本から、特にお勧めの本を選ぶというのは容易な作業ではありませんでした。いろいろと迷った結果、自分にとってのホームラン本を紹介するしかない、という結論に達しました。

「精神科医がお勧めする珠玉の31冊」ということで、心理学、脳科学、メンタル疾患、ストレスなど、精神医学や健康に関わるお勧め書籍を10分野、31冊選びました。

これらの本が読者のみなさんのホームラン本になるかどうかはわかりませんが、どれもあなたの健康に役立つ本、一読の価値のある本だと思います。

読書家向き、骨太な1冊、難易度が高い本には「★」印をつけました。また、わかりやすい、読みやすい、初心者向きの本には「○」印をつけました。自分の読書レベルに合わせて、本選びの参考にしてください。

睡眠についての珠玉の3冊

『SLEEP　最高の脳と身体をつくる睡眠の技術』
（ショーン・スティーブンソン著、花塚恵訳、ダイヤモンド社）

睡眠の理論や仕組みよりも、最高の睡眠を得るための具体的なノウハウを知りたい人にお勧めの1冊。食事、サプリ、ベッド、寝る姿勢、パジャマに至るまでの21の科学的睡眠メソッドが書かれています。是非、1つずつ実行して睡眠の質を改善していただきたい。私も、本書の方法をかなり取り入れました。

『睡眠こそ最強の解決策である』（マシュー・ウォーカー著、桜田直美訳、SBクリエイティブ）

この本も睡眠について網羅的に書かれた1冊ですが、「なぜ?」「どうして?」といった、眠りについての脳科学的な研究や根拠が多数盛り込まれているのが特徴。「TO DO」よりも、根拠や理由を知りたい、睡眠について知識を深めたいという人にお勧めの1冊です。

『スタンフォード式　最高の睡眠』（西野精治著、サンマーク出版）

昨今の「睡眠本」ブームの火付け役となった1冊。世界一の睡眠研究所、スタンフォード大学で長年研究を続ける西野精治教授の本ということで、説得力が違います。寝る90分前に風呂から上がる入浴法、体温にフォーカスした入眠法は実行しやすく、効果も大きいでしょう。

運動についての珠玉の2冊

★『脳を鍛えるには運動しかない！　最新科学でわかった脳細胞の増やし方』（ジョン・J・レイティ、エリック・ヘイガーマン著、野中香方子訳、NHK出版）

運動すると頭が良くなる！　さらに、記憶力、集中力、創造性、気分、ストレス耐性などが改善される！　運動の重要性、そしてどのような運動がいいのかが、膨大な科学的根拠とともに解説されています。脳と運動の関連性を明らかにした元祖の1冊であり、そして、本書で運動の重要性を痛感した、樺沢のベストの1冊。

『運動脳』（アンデシュ・ハンセン著、御舩由美子訳、サンマーク出版）

スウェーデンの精神科医、アンデシュ・ハンセン著。人口1000万人のスウェーデンで67万部売れた大ベストセラーです。運動すれば、頭が良くなる。集中力が高まる。うつも改善し、ストレスも解消する……。こうした運動の素晴らしさを、科学的根拠も豊富に、極めてわかりやすく解説しています。翻訳本としてはとても読みやすく、脳科学の格好の入門書。

食についての珠玉の2冊

★『EAT　最高の脳と身体をつくる食事の技術』

（ショーン・スティーブンソン著、花塚恵訳、ダイヤモンド社）

どのような食事、栄養素が、健康にいいのか、悪いのか。ダイエットに効果的な食事はどんなものか。これらについて、膨大な科学的研究、論文を引用しながら、多面的に論じています。食事と栄養の百科事典のような1冊。かなり骨太なので一般向きではありませんが、食や栄養の最先端の科学的知見を網羅的に知りたい人にとっては、お勧めの1冊です。

『脳が強くなる食事～GENIUS FOODS～』

（マックス・ルガヴェア、ポール・グレワル著、御舩由美子訳、かんき出版）

メンタルにいい食事、脳にいい食事を教えて欲しい……。本書にはその答えが書かれています。糖質、脂肪、ファスティングは脳にいいのか、悪いのか。頭が良くなる食事は何か。脳と腸の連関はどのようなものかなど、「脳」と「食事」についての疑問のほとんどについて、多くの科学的エビデンスを出しながらわかりやすく説明しています。

ストレスについての珠玉の3冊

『ストレス脳』（アンデシュ・ハンセン著、久山葉子訳、新潮社）

ストレス、不安、うつ、孤独。これらを感じているとき、私たちの脳の中でどのような反応が起こっているのか、脳科学的にわかりやすく解説されています。ストレスやうつの正体がわかれば、対処法も見えてきます。メンタルの科学的側面について深く理解したい人にはお勧めの1冊。

『スタンフォードのストレスを力に変える教科書』（ケリー・マクゴニガル著、神崎朗子訳、大和書房）

「ストレスは悪いもの」という考えは、誤りだった！　その思い込みが、ストレスの悪影響を強め、健康を害するのです。「ストレスは役に立つ」と思えば人生が変わります。ストレスを味方にすることは可能であると、従来のストレスのイメージを塗り替えた1冊。

『一番大切なのに誰も教えてくれない　メンタルマネジメント大全』（ジュリー・スミス著、野中香方子訳、河出書房新社）

「やる気が出ないときや不安を感じているとき、どうすればいいですか？」といった質問が毎日、私のYouTubeに寄せられますが、この本にはそうしたメンタルの取り扱い方、対処法が網羅的に書かれています。やるべきことが明確にわかる、まさに「大全」です。対処法、TO DOに特化して書かれているので、実践しやすい1冊。今の自分の心理状況を整理するのにも役立ちます。

メンタル疾患についての珠玉の4冊

【うつ病】

○**『うつヌケ　うつトンネルを抜けた人たち』**（田中圭一著、KADOKAWA）

「うつ」になると「永久に治らないのでは」と絶望し、不安になります。しかし、「うつを抜ける」イメージを持つだけで、療養する勇気が湧いてくる。自らうつ病を経験した、パロディギャグ漫画家の田中圭一氏が、自身と17名の「うつヌケ」体験を、わかりやすく漫画で描いた本。うつの症状もわかりやすく解説されており、うつ病の人、そうでない人の両方に読んで欲しい本です。

【発達障害】

○『発達障害サバイバルガイド 「あたりまえ」がやれない僕らがどうにか生きていくコツ47』（借金玉著、ダイヤモンド社）

発達障害の本はたくさんありますが、「TO DO」、つまり今何をするべきかについて、最も具体的かつ赤裸々に書かれています。病気を治すのではなく、仕事や生活上の「できない」を、いかに「できる」に変えていくかというアプローチに強く共感します。発達障害やグレーゾーンの人たちの「生きづらさ」を解消する会心の1冊。「発達障害かも」と思った人に読んで欲しい。

【HSP】

○『「気がつきすぎて疲れる」が驚くほどなくなる「繊細さん」の本』（武田友紀著、飛鳥新社）

60万部突破のベストセラー。5人に1人は、HSP（ハイリーセンシティブパーソン）

といわれていますが、そのHSPを「繊細さん」と呼び変えただけで、HSPのイメージが根底から変わりました。著者本人も繊細さんだからわかる、「繊細さ」「過敏性」を緩和する「生活の知恵」「仕事上の工夫」が満載の実践的な本。「生きづらさ」を感じる人に読んで欲しい1冊。

【認知症】

○『認知症世界の歩き方』（筧裕介著、ライツ社）

認知症の患者さんは、どのように世界を見て、どのように不安や恐怖を感じているのか？　本書は「地球の歩き方」的な海外旅行ガイドブック風なデザイン、構成によって、認知症の症状を直感的に理解できる、画期的な本です。ユーモアもあり、気楽に読めるのもいい。認知症の介護に苦しむ「家族」や介護職の方には福音となる1冊。

心のワークブックについての珠玉の4冊

【認知行動療法】

○『こころが晴れるノート　うつと不安の認知療法自習帳』（大野裕著、創元社）

日本の認知行動療法の第一人者、大野裕先生の本。専門家から認知行動療法を直接受けるのは難しいですが、本書では、ワークブックに記入するだけで、自身の「認知の歪み」を発見できます。認知行動療法の効果が実感できる仕組みになっている、メンタル系ワークブックの先駆け的1冊。

【レジリエンス】

○『折れない心のつくりかた　はじめてのレジリエンスワークブック』（日本ポジティブ心理学協会著、宇野カオリ監修、滝本繁執筆、すばる舎）

ストレスと闘う、抗うのではなく、ストレスをやりすごす。「レジリエンス」（心のしなやかさ）を高めることで、折れない心がつくられる。そんなレジリエンスの高め方が、書き込むだけのワーク形式で簡単に実行できる実践的な1冊です。

【自己肯定感】

○『書くだけで人生が変わる　自己肯定感ノート』（中島輝著、SBクリエイティブ）

最近「自己肯定感」という言葉が注目されていますが、それらの本の中でも最もわかりやすいのが中島輝氏の本。本書には、自己肯定感を高めるアウトプットのワークが紹介されており、本に書き込みながらワークを実行すれば、自己肯定感が高まる仕組みです。

「自己肯定感を高めたい！」という人にお勧めの1冊。

【心の自己理解】

○『心の容量《キャパ》が増えるメンタルの取扱説明書』（エマ・ヘップバーン著、木村千里訳、ディスカヴァー・トゥエンティワン）

「エネルギーの無駄使いをやめましょう」と患者さんに言っても、なかなか理解してもらえません。本書は「心の容量を増やそう」というテーマで、自分の心を理解し、うまく付き合うための心を整える20の方法が紹介されています。平易な文章、可愛らしいイラスト、適度な書き込み式のワークで、患者さんや、メンタルが疲れている人にも読みやすい本になっています。

心理学についての珠玉の4冊

【心理学全般】

○「図解雑学」シリーズ（ナツメ社）

「心理学について学びたい」という初心者にお勧めするのが、ナツメ社の「図解雑学」シリーズ。『心理学入門』『ユング心理学』『心理カウンセリング』など、心理学ジャンルだけでこれまでに20冊以上が出ています（現在では絶版のものも含む）。ページの右半分が図解、左半分に説明という構成で、図を見るだけで直感的に理解できます。高校生でも無理なく読める難易度です。心理学の入門書としてお勧めします。

【ポジティブ心理学】

『幸福優位7つの法則　仕事も人生も充実させるハーバード式最新成功理論』

（ショーン・エイカー著、高橋由紀子訳、徳間書店）

ポジティブ心理学を学べば、仕事も人生も楽しくなる！　しかし、「ポジティブ」の意味を、ほとんどの人は間違えて理解しています。本書は、理論ではなく、ビジネスや日常生活で実践、応用しやすいノウハウを満載したポジティブ心理学の最高の入門書。

【アドラー心理学】

『嫌われる勇気　自己啓発の源流「アドラー」の教え』

（岸見一郎、古賀史健著、ダイヤモンド社）

世界累計1000万部突破の大ベストセラーであり、アドラー心理学ブームの火付け本。わかりやすい文体で書かれていますが、正直、内容は難しいです。しかし、自分でアドラー心理学を実践しながら、二度、三度読むことで、さらに新しい発見が得られます。本書を原点として、試行錯誤した結果、再読して改めて本書の深さ、アドラー心理学の懐の深さがわかります。

【対人関係療法】

○『それでいい。　自分を認めてラクになる対人関係入門』

（細川貂々、水島広子著、創元社）

自分が嫌い、自分が認められないという人は、この本を読んで欲しい。「対人関係療法」の第一人者、水島広子氏の本は、わかりやすく心に染み込みます。本書は細川貂々さんの漫画も収録されており、普段読書をしない人でもすらすら読めてしまう良書です。「それでいい。」の一言で、あなたは自分自身を癒すことができるのです。

脳科学についての珠玉の4冊

【セロトニン】

『脳からストレスを消す技術　セロトニンと涙が人生を変える』

（有田秀穂著、サンマーク出版）

セロトニンについて詳しく知りたい人は、まず本書を読むといいでしょう。日本のセロトニン研究の第一人者、有田秀穂氏のセロトニンについての決定版です。セロトニンを出してストレスを消す方法と、その脳科学的なメカニズムがバランス良く学べます。疲れ気味の人、朝に弱い人、ストレスが多い人にお勧めの1冊。

【オキシトシン】

『親切は脳に効く』（デイビッド・ハミルトン著、堀内久美子訳、サンマーク出版）

愛・つながりのホルモン、オキシトシンについて詳しく知りたい人は、まず本書を読むといいでしょう。オキシトシンの癒しの効果から、何をするとオキシトシンが出るのかまで、バランス良く学べます。愛、つながり、スキンシップだけではなく、「親切」やボランティアでもオキシトシンは出るのです。

【ドーパミン】

『ドーパミン中毒』（アンナ・レンブケ著、恩蔵絢子訳、新潮社）

ネットの普及とともに、スマホ依存、ゲーム依存、ＳＮＳ依存が爆発的に増えています。その原因は、脳内物質・ドーパミン。ドーパミンは幸福物質ですが、それが暴走しはじめると依存症を作り出すのです。ドーパミンの危険性、そして依存症への対処法を、スタンフォード大学、依存症研究の第一人者が脳科学的に解説した1冊。

【依存症】

『スマホ脳』（アンデシュ・ハンセン著、久山葉子訳、新潮社）

２０２１年、最も売れた本。スマホを長時間使用すると、どれほど脳に悪いのか。集中力・記憶力・学力を下げ、ネガティブ感情を強め、精神状態を悪化させ、幸福度を下げ、睡眠障害やうつ、依存症の原因にもなる……。最新研究を多数紹介しながら、これでもかと訴えかけてきます。スマホを制限しないと、私たちの脳は破壊される。社会に対して強烈な警鐘を鳴らした1冊。

学習科学についての珠玉の2冊

★『脳が認める勉強法　「学習の科学」が明かす驚きの真実！』

（ベネディクト・キャリー著、花塚恵訳、ダイヤモンド社）

最新研究に基づく脳科学的に正しい「勉強法」が多数紹介されています。具体的な勉強法、TO DOだけ知りたい人は、巻末の「学習効果を高める11のQ＆A」を読めば、本書のポイントが一瞬で理解できます。勉強法に関する脳科学本の決定版！

★『使える脳の鍛え方 成功する学習の科学』
（ピーター・ブラウン、ヘンリー・ローディガー、マーク・マクダニエル著、依田卓巳訳、NTT出版）

脳科学的に正しい勉強法、学習法を系統的にまとめた1冊。小手先ではない、本質的な勉強法がわかります。章ごとのまとめがあるので、TO DOだけ知りたい人は、そこを読めばいい。学習者のみならず、指導者や教師など「教える」職業の人にもお勧めしたい本です。

その他のジャンルの珠玉の3冊

『PEAK PERFORMANCE 最強の成長術』
（ブラッド・スタルバーグ、スティーブ・マグネス著、福井久美子訳、ダイヤモンド社）

「集中力、パフォーマンスを高めて自己成長を加速したい！」という人は多いはずです。本書では、科学的に正しく、効果的に「成長」できる方法を、網羅的に紹介しています。ハック本のような形式ですが、根拠もしっかりしていて行動化しやすい。パフォーマンスを高めたい人には、非常に役立つ1冊。

★『NATURE FIX　自然が最高の脳をつくる　最新科学でわかった創造性と幸福感の高め方』（フローレンス・ウィリアムズ著、栗木さつき、森嶋マリ訳、NHK出版）

月に5時間、自然の中で過ごすだけで、ストレスは解消する。自然の中にいるだけで健康になれるのですから、これほど簡単な健康法はないでしょう。自然と脳、自然と健康の関係について最新研究を紹介しながら、科学的に論証した1冊。読むと、自然に出かけたくなります。

○『シリーズ人体　遺伝子　健康長寿、容姿、才能まで秘密を解明！』（NHKスペシャル「人体」取材班著、講談社）

遺伝子の本はたくさん出ていますが、どれも難しい。「NHKスペシャル」をベースにした本書は、最新の遺伝子科学について、最もわかりやすく簡潔に説明した1冊です。人間の才能は遺伝子で規定されていますが、遺伝子のスイッチ「オン」には生活習慣や日常の行動が関係している。つまり、「遺伝子」以上に「生活習慣」が大切ということがわかります。

おわりに

「読書脳」で無限の可能性が切り開ける

自分の人生を切り開きたい！　もっと給料を増やしたい！　将来幸せになりたい！

あなたもこう思っているかもしれません。でも、何をしていいかわからない、という人がほとんどです。

少子高齢化、人口減少と経済縮小、貧困層の拡大、増税、年金破綻《はたん》、経済破綻……。

日本の将来も、自分の将来も、お先真っ暗。未来のことを考えるだけで気分は落ち込みます。テレビを見るとネガティブな情報ばかりが大量に流れ込んできて、将来に対して悲観的な見方しかできなくなります。

しかし、あなたが自己成長すれば、たいていの問題は解決するはずです。少子高齢化が進み、日本経済が失速しても、自分が困らないように「準備」しておけばいいだけです。

というよりも、自分自身で「準備」しなければいけません。

しかし、ほとんどの人は、何を「準備」していいかわからない。それが「本」を読めば、どんな「準備」をすればいいかがわかります。

あなたの人生はお先真っ暗、ではないのです。輝かしい未来が開けているのです。

あなたの未来を開いてくれるのは、2000年以上の叡智《えいち》の結晶である本から得られる知識です。

あなたの人生は、いくらでも変えられます。ただ、その方法を知らなければ変えようがありません。人生を変える方法を教えてくれるのが、「本」なのです。

あなたの将来には、無限の可能性が開けています。しかし、あらゆる可能性を実現するためには人生の選択肢を増やす必要があります。あなたの人生の選択肢を増やしてくれるのが、「本」です。

読書を習慣にして、本から得られた「気づき」をきちんと実践していけば、自己成長が加速します。あなたの「自己成長」は、もっともっと速くなります。今の何倍もの速さで「自己成長」できるようになります。

それによって、あなたの将来は、「希望なき未来」から、希望と可能性と輝きにあふれた「幸せな未来」へと変えることができるのです。

自分1人の力で人生を変えようとするから、多くの困難に直面し、うまくいかなくて悲観し、絶望するのです。1人の人間の経験や知識はちっぽけなものです。しかし、読書によって、先人、偉人たちの「2000年以上の叡智の結晶」の力を借りれば、不可能なことなどなくなるでしょう。

少なくともほとんどの問題の対処法は本に書かれているわけですから、後は本を読んだあなたが、それを実行するのか、しないのか。それだけです。

読書は、「最後の切り札」です。

あなたの人生を変える、最後の、そして「最強の切り札」。

その切り札は、1冊たった1500円ほどで手に入るわけですから、利用しない手はありません。

読書は習慣です。本を読む習慣を身につけてください。

そうすれば、問題解決能力が格段に高まります。今まで悩んでいた問題が次々と解決し、ストレスからも解放されます。インプットとアウトプット、そして自己成長のスパイラルに入れば、毎日が楽しくてしょうがなくなります。

是非、読書を習慣にして「読書脳」を手に入れることで、無限の可能性を切り開いてください。そのための方法論、自己成長を加速させ、本を読んだら忘れない、私が実践している全ての読書術をこの本に詰め込みました。

精神科医の私が読書術について書いた本当の理由

精神科医の読書術ということで、「読んだら忘れない」ということにフォーカスし、最新研究にもとづく脳科学的な根拠も盛り込んだ読書術を紹介してきました。

これは、私が日々行っている生活習慣そのものであり、私の生き方、生き様でもあります。

私は精神科医として、あるミッションを掲げています。

それは、「日本人の自殺、うつ病を減らす」ということです。

さらには、精神疾患に限らず、「病気で苦しむ人を1人でも減らす」ことを、私の活動の基本に置いています。

「そんなだいそれたことをどうやってやるんだろう?」と思う人も多いでしょうが、戦略は簡単です。病気についての知識を広げ、病気になる前に「予防」する、ということです。

「自分が病気になるはずがない」と病気に関心がない人は、病気や健康についての本を読まないし、病気予防のための活動をしていません。残念ながらそれが、日本人のほとんどです。

仮に日本人の全員が、運動や睡眠、食事に気を配り、病気にならない生活習慣を本気で実践すれば、日本人の病気を減らすこと、それも医療費レベルで半分くらいまで減らすことは可能でしょう。

病気の予防についての本は、書店に行けばたくさん並んでいます。そうした本を一般の人は読むのかというと、ほとんど読まないのです。

繰り返し述べたように、日本人の半分は本を読む習慣がなく、平均でも月1冊しか読みません。その1冊に健康本が入ってくる確率は、おそらく相当に低いはずです。結局のところ「健康本」は、読書の習慣があって、「健康への意識が高い人」が読んでいるのです。

私は『精神科医が教える病気を治す感情コントロール術』（あさ出版）や、『人生うまくいく人の感情リセット術』（三笠書房）など、病気にならない、病気を「予防」する生き方、考え方の本を出版してきましたが、病気になりそうな人、つまり一番読んで欲しい人に読まれていないという厳しい現実を痛感しています。

病気になった患者さんに病気についてわかりやすく書かれた小冊子を渡しても、患者さんは読みません。そこには病気を治すために患者さんがすべきこと、できることが全て書かれていますから、それを読んで実行していただければ、病気を治すのに大いに役立つはずなのですが、そうした本を読まないのも、普段から本を読む習慣がないからです。

したがって、病気にならない知識、病気の予防につながる知識、病気を治す方法を1人でも多くの人に知っていただくためには、読書を習慣にする人を増やし、日本人の読書量を増やすしかないのです。

これが、精神科医の私が「読書術」の本を書いた本当の理由です。

第8章のリストに、健康の維持や病気の予防に役立つお勧め本もまとめましたので、是非お役立てください。

日本人の読書量が増え、もっと健康についての本が読まれるようになること、病気になる人が1人でも減ることにこの本が役立てるのなら、精神科医としてこれ以上の幸せはありません。

著者

樺沢紫苑（かばさわ・しおん）

精神科医、作家。1965 年札幌生まれ。札幌医科大学医学部卒。2004 年から米国シカゴのイリノイ大学精神科に３年間留学。帰国後、樺沢心理学研究所を設立。「情報発信によるメンタル疾患の予防」をビジョンとし、YouTube(46万人)、メールマガジン(12万人)など累計100万フォロワーに情報発信をしている。著書45冊、累計発行部数230万部のベストセラー作家。シリーズ累計 90万部の『アウトプット大全』（サンクチュアリ出版）をはじめ、『神・時間術』（大和書房）、『ストレスフリー超大全』（ダイヤモンド社）、『言語化の魔力』（幻冬舎）など話題書多数。読書については本書が唯一の書籍である。

■樺沢紫苑・公式メルマガ
http://kabasawa.biz/b/maga.html
■YouTube「精神科医・樺沢紫苑の樺チャンネル」
https://www.youtube.com/@kabasawa3
■Twitter
https://twitter.com/kabasawa

本書は小社で単行本（2015年4月）で刊行された『読んだら忘れない読書術』を改題、加筆、再編集したものです。

読書脳

2023年9月 1 日　初版印刷
2023年9月10日　初版発行

著　者　樺沢紫苑
発行人　黒川精一
発行所　株式会社サンマーク出版
　　　　〒169-0074　東京都新宿区北新宿2-21-1
　　　　電話　03-5348-7800（代表）
印　刷　共同印刷株式会社
製　本　株式会社村上製本所

ISBN978-4-7631-4072-2 C0030
ホームページ　https://www.sunmark.co.jp